U0575635

XINKECHENG

LISHI

ZENMEJIAO

新课程 历史 怎么教

怎样才能很好地适应新课程？怎样才能在新课程教学过程中给学生营造一个良好的氛围，建立平等、民主、信任的新型师生关系？怎样才能引导学生的情感处于积极的、自由的、宽松的心理状态，能自主的参与数学课堂学习？使课堂气氛活跃？我认为要解决这些问题就需要自身不断去积累，不断去学习探究。下面就《新课程怎么教》谈谈自己在学习中的一点体会。

杨 敏　本书编写组◎编著

Xinkecheng

Zenmejiao

Congshu

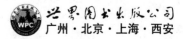

世界图书出版公司

广州·北京·上海·西安

图书在版编目（CIP）数据

新课程历史怎么教／《新课程历史怎么教》编写组
编．—广州：世界图书出版广东有限公司，2011.3（2024.2 重印）
ISBN 978 − 7 − 5100 − 3332 − 2

Ⅰ．①新… Ⅱ．①新… Ⅲ．①中学历史课 − 课堂教学
− 教学法 Ⅳ．①G633．512

中国版本图书馆 CIP 数据核字（2011）第 036094 号

书　　名	新课程历史怎么教	
	XIN KE CHENG LI SHI ZEN ME JIAO	
编　　者	《新课程历史怎么教》编写组	
责任编辑	张梦婕	
装帧设计	三棵树设计工作组	
出版发行	世界图书出版有限公司　世界图书出版广东有限公司	
地　　址	广州市海珠区新港西路大江冲 25 号	
邮　　编	510300	
电　　话	020-84452179	
网　　址	http://www.gdst.com.cn	
邮　　箱	wpc_gdst@163.com	
经　　销	新华书店	
印　　刷	唐山富达印务有限公司	
开　　本	787mm×1092mm　1/16	
印　　张	12	
字　　数	160 千字	
版　　次	2011 年 3 月第 1 版　2024 年 2 月第 3 次印刷	
国际书号	ISBN　978-7-5100-3332-2	
定　　价	59.80 元	

本 册 编 委

主 编

　张　棋　马晓铜

编 委

　田绍磊　童　璐

序　言

　　新课程改革是进入新世纪以后影响我国教育的一件大事，它正在逐渐走进中小学的课堂，重新规范中小学教师的一系列观念、行为。在新课程实施中，有的教师将课程单纯视为教学内容的变革和教材调整，认为只要把新的知识结构教给学生就完成了新课程赋予的使命；有的教师将新课程的实施单纯视作课堂教学方法的重新调整，认为只要教学上体现出新课程的要求就可以了；还有的教师将课堂上学生的参与当作新课程实施的典型体现，认为只要在课堂上和学生互动了，新课程的要求也就实现了……凡此种种，都反映出一些教师对新课程改革认识上的偏颇，导致的结果是课堂并没有真正活起来、动起来，学生的学习方式并没有得到真正的改变，学生的生活世界并没有真正受到关注，学生的生命价值并没有得到真正的体现。

　　其实，新课程改革不是换一套教科书，而是教育领域一次深层次的彻底革命。这场以转变教学理念为先导，以课堂教学改革为核心，以提高教师素质为突破口，以转变教学方式为手段，以"一切为了学生发展"为目标的全面改革，旨在通过培养学生的创新精神和实践能力，全面推进和实施素质教育。新课程改革将改变学生的学习生活，也将改变老师的工作方式、生活方式乃至生存方式。老师的角色已变成学生学习的促进者、引导者、教育教学的研究者、课程和开发者和创建者。所以说，新课程对广大教师来说，既是机遇，又是挑战，教师能不能明确意识到自己面临的机遇和挑战，能不能做出积极的回应和改变，能不能尽快走进新课程，是新课程能不能顺利实施的根本保证。

基于此，我们特别组织了国内新课程实验区示范学校的核心专家和一线教师编写了"新课程怎么教"丛书。这套丛书以初中新课程标准为主，旨在为中学教师实施新课程提供一个创造性的平台，引导教师把新课程的理念落实到每一个教学活动中、落实到每一个学生的身上；帮助教师根据教学目标设计各具特色的教学活动；为教师提供丰富的课程资源；为教师科学地运用评价功能，提出多元的方法和可操作性的建议。丛书具有以下显著特点：

　　一是理念新。课程改革，首先是更新教育教学理念的问题。理念新了，以理念为基础形成的教学方法及其体系才能适应新课程的要求。那么，新课程是建构在哪些新理念之上呢？这些新理念与传统的教育教学理念有什么关系呢？教学实践中，我们又要怎样贯彻落实这些理念呢？本套丛书以现代教学理论为基础，结合实验区教学实践通俗易懂地回答了上述问题。

　　二是内容新。它与新课程实验息息相通，采集援引了大量的新课程实验区的鲜活的教学案例，这些案例用最生动的材料记录了在实验一线的教师的思考，尤其是教学过程实施的具体方式，是一份很难得的关于中国基础教育课程改革的参考文档。

　　总之，本套丛书既是新课程的理论探索和实践操作的高度融合；又是教育科学性与艺术性的高度统一；更是全国各实验区教师对新课程探索实践的智慧结晶，具有全面、系统、通俗、实用、操作性强之特点。

　　当然，由于时间仓促，以及理论研究本身的不足，这套供广大中学教师使用的丛书难免存在谬误之处，敬请学界同行和广大教师批评指正，以便我们不断修订完善。

　　最后，让我们共同期待"新课程怎么教"丛书，对广大教师理解新课程，走进新课程，提高教学水平发挥出积极作用！新课程需要我们共同学习，不断探索，勇于创新实践，才能不断完善！

前　言

　　课程改革是一项系统工程，涉及课程目标、课程结构、课程内容和课程管理等方方面面。这种变革反映了当今经济全球化、文化多元化、社会信息化的时代特点，体现了世界教育发展的趋势。历史经验告诉我们，教育的任何变革关键在于实施。教师是教育教学的主要参与者和具体实施者，课堂是实施教育教学的主要舞台。课程改革理念如不能转化为教师的教学行为并体现于课堂，再理想的课程改革都不会成功。

　　课程改革为历史老师开辟了大显身手的创新天地，学科教学从来没有像今天这样思想活跃、举措新颖、策略多样。但是，我们必须看到：新课程不是幻想中的空中楼阁，而是需要理论与实践作为支撑；新课程的建设不是一蹴而就的突击，而是一个不断内化积淀的长期过程；新课程的实践不是纸上谈兵的部署，它需要一批批的志愿兵与生力军去冲锋陷阵。

　　根据新课程标准的要求，历史课更加重视人文精神的培养，更加重视学生个性的张扬；同时在思想教育上进一步加深了爱国主义教育，把历史教育和思想教育结合起来，培养学生的正确的人生观、价值观，逐渐形成对国家、民族的历史使命感和社会责任感，全面提高学生的人文素养和时代素养。由此我们可以看出，新课标的实施对广大历史教师提出了新的要求。为适应这些新变化，教师的教学方式必将发生改变，只有这样才能适应时代的变化。

　　本书依据历史新课程的理念，具体阐述了初中历史新课程教学中的一系列实际问题。主要有以下特色：一是理念的阐述通俗易懂。编者从一线教师的实际需要出发，用一问一答的形式深入浅出地介绍了新的课程理念，使广大历史教师能够轻松地理解新课程"是什么"、"为什么"；二是有大量承载新课程理念的鲜活案例。教师们通过这些案例，可真切地感受到如何把课程理念转化为教学行为，解决好"怎么做"的问题；三是针对新课程理念阐述了在新课程理念下历史老师如何专业化发展的问题，为历史老师的成长指明了方向。

　　总之，新课程改革必将给中学教学带来极大的震撼，必将引起教学思想和教学管理等方面发生深刻的变化。作为历史教师，新课程改革，既是机遇，也是挑战。我们要抓住机遇，迎接挑战。

目录 CONTENTS

▶下　篇 课程标准与历史教师专业化发展 /141

上　篇

实施历史新课程，
提高学生的素质与能力

　　面对高速发展的科学技术和日益激烈的国际竞争，如何传承中华民族文化的优秀传统，激发学生的爱国主义情感，并且在人文社会科学研究不断深入的情况下，培养学生终身学习的能力，这些问题都对义务教育阶段的历史课程提出了新的要求。这些新的要求，我们可以大致划分为素质和能力两个方面，而历史新课程正是基于提高学生的素质与能力两个方面制定的。

1. 实施历史新课程的目的是什么？

　　实施历史新课程，就是要把提高国民素质作为历史教育的宗旨，强调对学生素质的培养，同时提出了培养学生的创新意识以及与他人合作和参与社会实践的能力等要求。

【解读】

　　新课程提出了加强学生能力与素质工作的急迫性与必然性。强调课程要从原来的单纯注重传授知识向引导学生学会学习，学会生活，学会做人转变。

历史课程作为提高全体国民素质的基础课，在培养学生能力的同时，更应该着重培养学生形成正确的价值观、人生观和世界观，培养学生形成正确的历史意识、国际意识。

2. 历史新课程 "新" 在何处?

新课程改变了原有的课程内容、教材内容、教材形式等，加强了与学生生活和现代科技发展的联系，体现了时代精神，贴近社会生活，贴近学生生活；新课程改变了原有的教学方式、评价方式，使师生角色发生变化，教师不再是简单的知识传授者，学生成为学习的主人，教师将扮演学习的引领者、组织者、合作者，使学生能够主动参与，乐于探究，勤于动手，培养学生的终身学习的能力。

【解读】

（1）历史新课程在课程内容的选择上有如下要求：

①新课程应避免专业化、成人化倾向，克服重知识、轻能力的弊端，不刻意追求历史学科体系的完整性。课程内容的选择应体现时代性，符合学生的心理特征和认知水平，减少艰深的历史理论和概念，增加贴近学生生活、贴近社会的内容，有助于学生的终身学习。

②改变课程内容繁、难、偏、旧和偏重书本知识的现状，加强课程内容与学生生活以及现代社会科技发展的联系，关注学生的学习兴趣和经验，精选终身学习必备的基础知识和技能。

（2）新课程对教学方式和学习方式有如下要求：

①改变课程实施过于强调接受学习、死记硬背、机械训练的状况，倡导学生主动参与、乐于探究、勤于动手，培养学生搜集和处理信息的能力、

获取新知识的能力、分析和解决问题的能力，以及交流与合作的能力。

②历史新课程倡导学生积极主动的参与教学过程，勇于提出问题，学习分析问题和解决问题的方法，改变学生死记硬背和被动接受知识的学习方式。

③历史新课程倡导树立以学生为主体的教学观念，鼓励教师创造性地探索新的教学途径，改进教学方法和教学手段，组织丰富多彩的教学实践活动，为学生学习营造一个兴趣盎然的良好环境，激发学生学习历史的兴趣。

④新课程改变了旧课程评价过分强调评价的甄别与选拔功能，发挥评价促进学生发展、教师提高和改进教学实践的功能。

3. 历史新课程改革的总体思路是什么？

历史新课程改革的总体思路是：面向全体学生，使所有学生都能达到课程标准所规定的目标；高度尊重学生的个性，充分发挥学生自身的能力和特长，为其主动适应未来社会打好基础。

【解读】

历史新课程的总体思路，有两方面的内容：一方面强调义务教育课程的基础性原则，也就是说初中历史教学着重于对基础国民素质的培养，不求其知识的艰深与专业化；另一方面则强调义务教育课程的发展性，初中阶段的教育要为学生今后更高层次的学习做准备，所以要在教学过程中培养学生的自我学习能力与创新能力，为获得终身学习能力做准备。

4. 历史新课程如何体现其义务教育的基础性？

　　按照历史新课程改革的思路，历史新课程将突出其基础教育的特点，使学生掌握基本历史知识——重要的历史人物、历史事件和历史现象，以及重要的历史概念和历史发展的基本线索；使学生初步形成在独立思考的基础上得出结论的能力；初步了解人类社会是从低级向高级不断发展的、历史发展是有规律的等科学的历史观，学习客观地认识和评价历史人物、历史事件和历史现象。

【解读】

　　历史新课程强调，要充分关注基本历史知识的内容。它们包括：

　　①充分了解中外历史上重要人物的生平活动及其对后世的影响。能科学地比较不同历史人物、历史事件或历史现象并发现其异同。

　　②初步掌握历史事件的起因、经过、结果，对历史事件的背景和影响有所了解。能辩证地分析历史问题产生的原因、发展的过程以及各种历史问题之间的关系。

　　③通过课堂学习和课后活动，逐步感知人类在文明演进中的艰辛历程和巨大成就，逐步积累客观、真实的历史知识。

　　④通过收集资料、构建论据和独立思考，能够对历史现象进行初步的归纳。掌握阅读历史材料的技能，包括阅读文字或图表材料，获取有效信息等。逐渐了解中国国情，理解并热爱中华民族的优秀文化传统，形成对祖国历史与文化的认同感，初步树立对国家、民族的历史责任感和历史使命感，培养爱国主义情感，逐步确立为祖国的社会主义现代化建设、人类和平与进步事业做贡献的人生理想。

⑤形成正确的历史时空概念，掌握正确计算历史年代、识别和使用历史图表等基本技能，能运用基本的史学概念、范畴和方法，对某些历史结论做出相应的评价或说明。

⑥初步具备阅读、理解和通过多种途径获取并处理历史信息的能力，形成用口头和书面语言，以及图表等形式陈述历史问题的表达能力。

5. 历史新课程如何体现其义务教育的发展性？

按照历史新课程的总体思路，课程改革在突出义务教育阶段历史教育的基础性的同时，也要求义务教育阶段的历史教学具有发展性，使学生的终身学习能力得到进一步的锻炼。

【解读】

①历史新课程的学习方式。

按功能分类：基础性、拓展性、研究性历史学习方式。

按内容分类：理论性、实践性历史学习方式。

按行为分类：自主性、互动性历史学习方式。

②历史新课程重视历史研究性学习。

研究性学习是指学生在教师指导下，从学习生活和社会生活中选择和确定研究专题，主动获得知识，应用知识，解决问题的学习方式。研究性学习的实施主要分为两种，课题研究类和项目活动类。

③历史新课程遵循学生的心理发展规律。

心理学告诉我们，初中学生的逻辑思维开始优于直观形象思维，学生开始在较高的抽象的水平上发展他们的思维与推理能力，但直观形象思维的作用尚未减少，具体活动的经验仍然继续成为他们构建知识的重要手段。

因此，历史学习材料的选取、呈现，应当较多地体现直观形象性。

初中学生的兴趣广泛而又相对地迅速变换，他们更多地关注历史学习内容中新奇、有趣的事实或现象。但也应注意到，初中学生开始有比较强烈的自我发展意识，对与自己直观经验相冲突的现象，有挑战性的任务很感兴趣。因此，既应当充分考虑到学生的实际生活背景和趣味性，又要安排诸如实地观察与调查，收集、整理、分析历史信息资料等活动，将学生置于研究者的位置，亲身体验现有知识的创造经历；既让学生感到学习历史是一件有意思的事情，又体验到学习历史的成功乐趣，提高他们运用历史知识解决现实世界中历史问题的信心和能力。因此，要改变学生的历史学习方式，历史教师须注意研究与掌握学生的心理发展规律，在教学中采取适合学生的策略与模式。

6. 历史新课程的学生培养目标与课程目标有什么联系？

新课程的学生培养目标是以"关注人的发展"为基础，培养具有世界眼光的公民。为了使新课程培养目标落实到课程中，将课程总目标分解出知识与技能、过程与方法、情感态度与价值观三个分目标。

【解读】

《基础教育课程改革纲要（试行)》中指出，新课程的培养目标可以概括为"六个具有"和"一个初步形成"，强调要使学生：

具有爱国主义、集体主义精神，热爱社会主义，继承和发扬中华民族的优秀传统和革命传统；

具有社会主义民主法制意识，遵守国家法律和社会公德；

初步形成正确的世界观、人生观、价值观；

具有社会责任感，努力为人民服务；

具有初步的创新精神、实践能力、科学和人文素养以及环境意识；

具有适应终身学习的基础知识、基本技能和方法；

具有健康的体魄和良好的心理素质，养成健康的审美情趣和生活方式，成为有理想、有道德、有文化、有纪律的一代新人。

7. 历史新课程标准与 传统的教学大纲有什么区别？

新课程标准相比传统的教学大纲在教学过程和结果评价中，对教师更具有指导性，更具体，更容易操作。

【解读】

传统的教学大纲较多以学科体系为中心来表述学科的知识点和教学要求。对能力和教学要求往往采用"初步了解"、"理解"、"掌握"、"运用"等抽象的方式，对教师具体了解学生应达到什么程度缺乏明确的指导。新课程改革力图通过新课程标准形式，在学生知识、技能、态度、能力的发展方面具体化，从而明确制定我国基础教育各门课程的基本标准，初步建立起我国基础教育的课程标准体系。

在课程目标上，要求从知识到技能、过程与方法、情感态度与价值观等多方面设计具体的课程。

在课程内容上，注意密切联系学生的生活和经验以及社会、科学发展的现实，强调学生经验、学科知识和社会发展三方面内容的整合。

在课程要求上，课程标准不仅仅结合知识点明确具体的结果性目标，而且每个学科都结合本学科的特点，明确提出了一系列过程性目标、体验性目标，以期学生在获得知识的同时学会学习，并形成正确的价值观。课程标准还对教学过程、教材编写和学生学习质量的评估明确了具体要求。

8. 历史新课程的学习评价
与传统的教学评价有什么不同？

新课程标准下的评价是给学生以自信的评价，是发现闪光点的评价；而传统的教学评价更强调分数，更强调对学生的甄别。

【解读】

以往的评价，往往在阶段或整个学习结束后，进行一次书面测验或考试，其卷面分数就代表了学生的学习结果。新课程标准指出："学习的评价，既要关注学习结果，也要关注学习过程，以及情感、态度、行为的变化。"由此可看出，新课程更加强调：

评价功能从注重甄别与选拔转向激励、反馈与调整；

评价内容从过分注重学业成绩转向注重多方面发展的潜能；

评价技术从过分强调量化转向更加重视质的分析；

评价主体从单一转向多元；

评价角度从终结性转向过程性、发展性，更加关注学生的个别差异；

评价方式更多地采取诸如观察、面谈、调查、作品展示、项目活动报告等开放的及多样化的方式，而不仅仅依靠笔试的结果，更多地关注学生的现状、潜力和发展趋势。

新的评价方式力求评价指示简明、方法易行、具有可操作性。

9. 什么是历史教学模式的开放性？

课程一般都是通过教学来实施的。其中，历史教学模式的运用至关重要。

【解读】

所谓历史教学模式是指经过理论概括、赋予典型意义、能用图式表达、便于推广操作、具有开放性特征的教学范式。

历史教学模式的开放性是指在某个主导模式下的教学方法的多样性、兼容性、灵活性，也指多种模式的交叉性、互通性、变化性，包括活动的、讨论的、探究的、合作的、发现的、专题的、范例的（案例的）教学模式等，只要有利于生动活泼地学习历史，都可以在课程中应用。其目的是解放学生的脑，让其自由思考；解放学生的口，让其自由讲；解放学生的手，让其自由做。

10. 历史课程改革的发展趋势是什么？

历史课程在整个国民素质的培养上占有重要地位，这也就决定了历史课程改革势在必行，并将长期进行下去。历史课程改革的发展趋势是，它将更加注重基础教育的功能，将更具人文关怀，更注重学生个性的发展，加大现代教育技术的应用，并对教师提出了更高的要求。

【解读】

当今世界科技迅速发展，世界经济一体化，政治多极化的趋势日益明显。综合国力竞争成为国与国竞争的焦点，而在综合国力的竞争中，国民素质的高低又具有举足轻重的作用。国民素质的提高是一项长期而复杂的工作，历史课程的基础教育是其非常重要的一个组成部分，这也决定了历史课程的基础教育功能。历史课程不是要让每一个公民都成为通古博今的大学者，而是要让全体国民在学习历史课程后能对本民族的历史和世界的历史有一个正确的认识，让他们形成一个较正确的世界观、价值观、道德观，具有一定的历史意识和分析历史事件的能力。

世界课程改革已经充分证明，教育是学生的教育，课程是学生的课程，教育的中心是学生，教育应该面向学生，所以教育应该以学生为中心，把学生的教育还到学生手中。

当今世界课程改革的趋势，就是重视发展学生个性，培养学生的才能和创造力，通过课程培养学生的探索精神，自学能力，历史教学也必须尊重学生经验，发展学生个性。具体来说，就是要在课堂上改变原来的那种简单的教师传授知识的方式，加强教师与学生之间的交流，使原来机械、沉闷、缺乏生气的课堂，变得活泼、富有生命力。历史新课程改变了过去那种死记硬背的模式，而是通过教师对学生的引导使学生不但具有一定的科学文化知识，还使他们具有自主学习的能力，有强烈的竞争意识，创新意识和合作精神，让历史教学成为一种开放性的学习过程。

为了适应历史课程改革，胜任全日制义务教育阶段的教学工作，历史教师要特别关注历史课程改革的基本趋势，对于历史课程的实施是极其重要的。新课程标准下的历史课程表现出新的特点和趋向是：

历史课程目标——着眼使学生具有作为一个公民所必需的历史科学素养；

历史课程内容——精选对学生生活及终身发展有价值的历史内容；

历史学习方式——倡导动手实践、自主探索和合作交流；

历史学习评价——关注学生在学习过程中的变化与发展。

中 篇

实施历史新课程的经典案例

1. 将故事引入历史课堂，利用地图进行历史教学

一、课题

北京版 历史第四册 第七课 世界反法西斯战争的胜利

二、教学指导思想与理论依据

1. 指导思想

①通过《联合国家宣言》和雅尔塔会议等史实，了解国际反法西斯联盟的建立及其作用。

②简述斯大林格勒战役、诺曼底登陆和攻克柏林战役在反法西斯战争中的作用。

2. 理论依据

近年兴起的建构主义和人本主义学习理论都强调教学要以学生为主体。根据建构主义和人本主义学习理论，在教学中教师要以学生为中心，让他们自主学习，合作学习，互相交流，互相展示，并最终形成对二战的正确认识。

三、教学背景分析

1. 教学内容分析

第二次世界大战爆发以后，德意日法西斯国家疯狂地侵略扩张，给世界人民带来了深重的灾难。苏德战争和太平洋战争爆发后，世界进步力量联合起来，改变了双方的力量对比。世界反法西斯联盟建立，是二战反法西斯国家和人民能够取胜的关键。斯大林格勒战役的胜利，推动了整个战争形势的转折，是二战的转折点。诺曼底登陆和雅尔塔会议的召开，加速了这场战争的胜利。1943 年 9 月，意大利投降；1945 年 5 月和 9 月德国和日本相继投降。经历 6 年的第二次世界大战最终以法西斯轴心国的彻底失败而宣告结束。

第二次世界大战给参战国的人民带来了巨大的灾难，同时也深刻地影响着战后世界格局的形成和世界未来的发展。对这场关系人类命运的战争的反思至今还在继续。反对战争，珍视和平已经成为了时代的主旋律。本课教材紧承上一课教材，学好本课，对认识战后美苏冷战对峙局面的形成有重要意义。

2. 学生情况分析

在学习本课之前，大部分学生已经通过家长、书本、媒体和网络等方式对第二次世界大战的相关历史事件有所了解，但学生对二战反法西斯国家胜利的原因、我们应从二战中吸取哪些经验教训等问题理解上存在困难。

初二的学生，年纪偏小，认知水平有限，对理论知识不感兴趣，但爱听故事也会讲故事，好动，爱表现自己。对于自主性学习这种教学模式已经比较熟悉。

3. 教学方法

本课采用讲述法、讨论法、讲故事等多种方法相结合的综合式教学法。

4. 教学准备

（1）教师准备：搜集文字、图片、视频资料，制作 PowerPoint 课件。

（2）学生准备：分成 6 个小组搜集有关二战的历史材料，并在教室旁边黑板上展示出来；预习制作二战的大事年表，有条件的同学制成 PowerPoint 课件，课前全班展示和小组展示；查找有关斯大林格勒战役的故事，课上讲述；思考二战给我们的启示和反思，课上交流。

四、教学目标设计

1. 知识与能力

通过本节内容的教学，使学生了解反法西斯联盟的建立、斯大林格勒等战役、雅尔塔会议、诺曼底登陆、意德日三个法西斯国家投降等史实。

通过利用地图分析第二次世界大战战场形势的变化，提高学生利用地图分析问题的能力。通过讲述斯大林格勒战役的小故事，提高学生口头表达能力。通过"二战反思"开放式问题的思考和讨论，培养学生针对战争问题，进行一定深度的分析、探讨，并发表自己的观点的综合归纳能力。

2. 过程与方法

课前指导学生分成小组搜集有关二战的历史材料，预习制作二战的大事年表，课上通过播放二战的影视片断及二战的相关图片、地图，引导学生围绕二战的相关问题，通过讲故事、讨论、展示、交流等多种方法，使学生加深对二战的认识，同时启发学生吸取历史教训，以史为鉴，珍视和平，重视发展。

3. 情感态度与价值观

通过学习，使学生认识到：正是因为各国共同协作、相互联系，世界反法西斯战争才取得了重大胜利。从而帮助学生形成正确的国际意识和团结合作的意识，树立为人类和平和进步事业做贡献的人生理想。

中 篇 实施历史新课程的经典案例

新课程历史怎么教

五、教学重点和难点

1. 重点：世界反法西斯联盟的形成、斯大林格勒战役。
2. 难点：对二战的反思。

六、教学过程与教学资源设计

课前准备：发学案（学案见附件），布置学生预习。课前两分钟预备展示学案。

课堂导入：教师用 PPT 演示地图《1939～1942 年德意在欧洲的扩张》。

师：二战初期德意日三个法西斯国家是如何进行疯狂地侵略扩张的？

生 1：德国先是吞并奥地利，侵占捷克斯洛伐克，接着进攻波兰、北欧三国，转而向西，侵占荷兰、比利时、卢森堡，迫使法国投降，进而轰炸不列颠，进攻东欧诸国，最后在 1941 年 6 月发动了对苏联的战争。

生 2：意大利先是侵略东南欧诸国，接着把侵略魔爪伸向北非。

生 3：日本主要是在亚洲和太平洋地区展开侵略，侵占了大半个中国和东南亚诸国，1941 年 12 月偷袭了美国珍珠港，美英等国对日宣战，二战进一步扩大。

师：面对法西斯国家的侵略扩张，世界人民遭受了严重的灾难。如何才能打败法西斯国家，迎来世界的和平呢？（板书课题《世界反法西斯战争的胜利》进入新课）

（一）联合——世界反法西斯同盟的形成

师：德、意、日法西斯国家不断扩大野蛮、凶残的侵略战争，给全世界很多国家和地区的人民带来了灾难。（出示材料）

希特勒入侵俄国只不过是入侵不列颠的前奏……因此，苏联面临的危险就是我们和美国面临的危险。

——丘吉尔 1941 年 6 月 22 日的演说

我们为了保卫我们祖国的自由而进行的战争，将同欧洲和美洲各国人民为维护他们的独立、民主、自由的斗争汇合在一起。

——斯大林 1941 年 7 月 3 日的广播演说

师：从这两段材料，你能得到什么信息？

生：法西斯国家已成为全世界人民最凶恶的敌人，苏美英等大国已经意识到自身的危险和联合的重要性。

师：1942 年 1 月，在苏美英等大国的倡导下，26 个国家在华盛顿签署了《联合国家宣言》。（多媒体展示图片，并出示材料）

［签字国政府］深信完全战胜它们的敌国对于保卫生命、自由、独立和宗教自由并对于保全其本国和其他各国人权和正义非常重要，同时，它们现在正对力图征服世界的野蛮和残暴的力量从事共同的斗争，兹宣告：

（1）每一个政府各自保证对各该政府作战的三国同盟成员国及其附从者使用全部资源，不论军事的或经济的。

（2）每一个政府各自保证与本宣言签字国政府合作，并不与敌人缔结单独停战协定或和约。

——《联合国家宣言》

师：阅读材料，《联合国家宣言》的核心内容是什么？

生：竭尽全力，相互合作。

师：《联合国家宣言》签署以后，世界反法西斯国家走向了联合。它们在政治上步调一致，先后召开几次国际会议，发表共同声明；在军事上联合作战，在经济上互相支援。我给同学们举个例子，曾经是冤家对头的苏美英也展开了互相援助，1942 年前 6 个月，美英两国每月向苏联提供 400 架飞机，500 辆坦克及其他武器和军用物资，苏联向英美提供原料。1942 年 10 月 30 日，罗斯福宣布向苏联提供 10 亿美元贷款。你能举出几个中国抗日战争中各国互相支援的事例吗？

生1：美国、苏联给我们大量贷款和军用物资，美国派陈纳德飞行队在华参战。

生2：中国派远征军入缅作战。

师：（多媒体出示地图《第二次世界大战期间的世界形势》和图片）提问：从图上你能得到什么信息？

生1：反法西斯国家的数量大大超过法西斯国家。

生2：反法西斯国家控制的地盘和力量远远超过法西斯国家。

师：这将对这场战争的结局产生怎样的影响？

生：将加速这场战争的胜利。

师：《联合国家宣言》的签署，标志着世界反法西斯联盟的形成，世界反法西斯国家的联合就注定了这场战争的结局，国际反法西斯联盟成立以后，各个盟国之间相互支援，协同作战，大大加强了战斗力，逐渐地扭转了战争的局势，很快在各个战场就出现了转折。

（二）转折——斯大林格勒战役

（出示《中途岛海战地图》）

师：二战中亚洲和太平洋战场的转折是中途岛海战。这场战役于1942年6月4日展开，海战结果，日本损失航空母舰4艘，它改变了太平洋地区日美航空母舰实力对比，从此，日本在太平洋战场开始丧失战略主动权，美国得到了太平洋战区的主动权。

（出示《二战后期的欧洲和北非战场形势图》）

师：北非战场的转折点则是阿拉曼战役。1942年10月23日，在埃及阿拉曼地区，英国第八集团军在蒙哥马利指挥下对隆美尔统率的德、意联军"非洲军团"发起攻击，两军激战12天，英军获胜，德、意军被迫退到突尼斯边境。阿拉曼战役以英军胜利告终，扭转了北非战场的格局，成为法西斯军队在北非覆灭的开端。

（出示《斯大林格勒战役形势图》）

师：苏德战场的转折点则是斯大林格勒战役。德军在莫斯科会战失败后，被迫放弃全面进攻，于1942年夏在苏德战场南翼实施重点进攻，企图攻占高加索和斯大林格勒，切断苏军的战略补给线。1942年7月17日~1943年2月2日，苏德双方展开了斯大林格勒大会战。（播放视频《斯大林格勒战役》片段）

师：通过观看视频，同学们已经从整体上了解了这场战争的经过和结果，下面我们再从小细节上来了解这场战争，课前同学们已经搜集了很多有关斯大林格勒战役的小故事，请给大家讲一讲。

生1：我给大家讲讲苏联最出名的狙击手瓦西里·扎伊采夫的故事。

1942年秋，苏军狙击手在斯大林格勒保卫战中大显神威，扎依采夫在10天之中就击毙42名德军官兵。为了对付扎依采夫，德军调来了柏林狙击兵学校的校长科宁斯上校。科宁斯果然身手不凡，他从柏林飞抵前线不久，便打死了两名苏军狙击手。这天早晨，秋天的阳光穿过城市废墟，从德国人背后照射在苏军的阵地上。扎依采夫决定在下午采取行动。因为在阳光直射的上午，瞄准镜的反光会把位置暴露给德国人。午后，苏联狙击手的步枪已处于背光位置，而科宁斯隐蔽处则是暴露在阳光之下。扎依采夫让战友库利科夫藏在自己的隐蔽点，并小心翼翼地用枪管把头盔稍稍向上举起。而扎依采夫则来到另一个隐蔽点，枪口死死地瞄准了科宁斯的藏身之处。科宁斯果然中了扎依采夫的圈套，他朝那顶头盔开了一枪，库利科夫顺势将身子一挺，大叫一声倒了下去。科宁斯以为扎依采夫真的已经中弹，于是从隐蔽处探出半个脑袋，想看个究竟。就在这一刹那，扎依采夫扣动了扳机，子弹正中科宁斯的前额。对决就这样结束了，第三帝国的超级狙击手——科宁斯少校，倒地而亡。在整个斯大林格勒战役期间，扎依采夫取得了击毙149名德军的战绩。至二战结束时，他总共消灭了400名德军。

师：听了这个故事，你最大的体会是什么？

生：这个故事主要是从个人这个角度来反映在抗击德国入侵，保卫斯大林格勒的战斗中，苏联人民的机智。瓦西里太英勇，太有智慧了。

生2：我给大家讲讲"巴甫洛夫大楼"的故事。

斯大林格勒战役期间，为阻止德军从此处突击到伏尔加河边的广场区，24名苏军战士在中士巴甫洛夫的率领下，在这栋当时市中心唯一完整的4层楼房里坚守了58天，并顽强地进行抵抗。士兵们在大楼附近埋设了大量地雷，并在窗口安设了机枪，还将地下室的隔墙打通以便通讯。没让德军从这里前进一步。这座顽强的堡垒后来被苏联人骄傲地称为"巴甫洛夫大楼"。

师：这个故事主要体现了什么？

生：这个故事主要是从苏联军队的角度来反映苏联士兵誓死保卫斯大林格勒，寸土必争，顽强抵抗的精神。

生3：我给大家讲讲工厂战斗的故事。

二战中，苏联被炸毁的工厂成了抵抗中心。拖拉机制造厂甚至在德军已打入工厂厂门之后，工人们仍在制造坦克和装甲车。著名的十月革命工厂，一半厂房被德军占领，而在另一半厂房中，生产仍在照旧进行。在整个9月份，在这些战火纷飞，硝烟弥漫的工厂中，居然生产出200辆坦克和150辆装甲车。它们下了流水线便开火。当苏联士兵与德军进行枪战的同时，工厂内的工人就在侧旁修复损坏的坦克和其他武器，有的时候甚至就直接在战场上修理武器。坦克由工厂的工人志愿兵驾驶。这些坦克往往直接从兵工厂的生产线上开到了战斗前线，甚至来不及涂上油漆和安装射击瞄准镜。

师：听了这个故事，你的最大感触是什么？

生：在斯大林格勒战役中，除了士兵在英勇抗击德军外，苏联人民也在顽强地抵抗德国侵略者。

师：在斯大林格勒战役中，这样的故事太多太多了，正是苏联军队、苏联人民的殊死抵抗和英勇奋战才打退了德国的疯狂进攻，才赢得了这场战争的最后胜利。在持续200天的整个斯大林格勒战役过程中，法西斯共损失150万人，3500辆坦克和强击火炮，1.2万门大炮和迫击炮，3000架飞机。这场战争胜利后，远在华盛顿的罗斯福，远在伦敦的丘吉尔，远在延安的毛泽东都非常兴奋，毛泽东写下了《第二次世

界大战的转折点》一文。（出示材料）

另一方面，德国及其欧洲伙伴再也无力举行大规模的攻势了，希特勒只好把整个方针转入战略防御。只要迫使希特勒转入了战略防御，法西斯的命运就算完结了。因为像希特勒这样法西斯国家的政治生命和军事生命，从它出生的一天起，就是建立在进攻上面的，进攻一完结，它的生命也就完结了。

——《第二次世界大战的转折点》

师：阅读材料，思考：斯大林格勒战役的胜利有何意义？

生：斯大林格勒战役后，德国由战略进攻转为战略防御，苏联由战略防御转为战略进攻，所以这场战役既是苏德战场的转折点，也是第二次世界大战的转折点。

师：为了尽快打败德国，盟军在欧洲西部开辟了第二战场。

（三）加速——诺曼底登陆

为了能够更快地取得战争的最后胜利，1944 年 6 月 6 日，在法国的诺曼底附近的英吉利海峡，美英盟军向德军发起了猛烈攻击。并且很快从诺曼底登上了欧洲大陆，开辟了欧洲第二战场。（播放视频片段《诺曼底登陆》，出示地图《诺曼底登陆》）

1944 年 6 月的诺曼底登陆战役，是第二次世界大战中规模最大的一次登陆战役。在这次历时 43 天的战役中，德军伤亡 11.7 万人，盟军伤亡 12.2 万人。

师：（出示《欧洲北非战场形势图》）提问：结合地图说说诺曼底登陆有何作用？

生：苏军盟军东西夹击加速德国灭亡步伐。

师：诺曼底登陆成功后，很快解放巴黎，美英军队继续大举东进，粉碎了德军的抵抗，接近德国边境。与此同时，苏联红军发动强大攻势，沉重地打击敌人，开始突入德国边境。为了协调行动，尽快打败法西斯国家，反法西斯国家召开了雅尔塔会议。

中篇　实施历史新课程的经典案例

（四）加速——雅尔塔会议

1945 年 2 月，英美苏三国首脑丘吉尔、罗斯福、斯大林在苏联雅尔塔召开会议。（出示《雅尔塔会议》图片）（多媒体展示有关雅尔塔会议的两段材料）

材料一、雅尔塔会议的主要内容

第一，关于德国问题：三国制定了最后击败德国迫使其无条件投降的计划，并决定战后对德国实行分区占领。

第二，关于对日作战问题：苏联在结束欧洲战事后三个月内参加对日作战。

第三，关于战后世界安排问题：决定成立联合国。

材料二、苏联参加同盟国方面对日作战的条件

①外蒙古（蒙古人民共和国）的现状须予维持。

②由日本 1904 年背信弃义进攻所破坏的俄国以前权益须予恢复，即：

甲：库页岛南部及邻近一切岛屿须交还苏联；

乙：大连商港须国际化，苏联在该港的优越权益须予保证，苏联之租用旅顺港为海军基地须予恢复；

丙：对担任通往大连之出路的中东铁路和南满铁路应设立一苏中合办的公司以共同经营之；经谅解，苏联的优越权益须予保证，而中国须保持在满洲的全部主权。

③千岛群岛须交予苏联。

协定还规定，苏联的这些要求须在战败日本后毫无条件地予以满足；有关外蒙古及上述港口铁路的问题，将由美国总统采取步骤取得蒋介石的同意。

——《雅尔塔协定》

师：根据这两段材料，同学们谈谈该如何认识雅尔塔会议的作用？

生1：雅尔塔会议对协调盟国最后战胜德日法西斯的战略计划，巩固盟国的合作，加速反法西斯战争的胜利起了积极作用。

生2：它的决定对制裁德国和维护战后和平有一定的积极意义。

生3：有关中国的条款，损害了中国的主权和利益，是大国强权政治的表现。

师：第二战场的开辟，雅尔塔会议的召开预示着这场战争即将结束。

（五）胜利——意德日法西斯的投降

多媒体展示地图《1942 – 1945 年的欧洲和北非战场》、《1942 – 1945 年的太平洋战场的形势》

师：1943 年 7 月，盟军在西西里岛登陆，9 月 3 日，意大利代表和盟国代表秘密签订了停战协定，当天凌晨，英第 8 集团军从西西里渡过狭窄的墨西拿海峡，在意大利的亚平宁半岛登陆，向意南部快速挺进。1943 年 9 月 8 日，英国广播公司广播了意大利投降的正式文告。意大利投降，标志着轴心国集团开始瓦解。

在欧洲战场，诺曼底登陆后，盟军牢牢掌握了西欧战场主动权。1945 年 4 月，东、西对进的苏、美军队在易北河会师。4 月 30 日苏军攻克柏林，希特勒自杀。1945 年 5 月 9 日凌晨，纳粹德国正式向盟军投降，欧洲战场胜利结束。德国在整整 26 年后，又一次成为世界大战的战败国。

在亚洲和太平洋战场，1945 年 7 月 26 日，中英美发表《波茨坦公告》。中国军民开始了全面反攻。8 月，美国分别在日本的广岛（8 月 6 日）和长崎（8 月 9 日）投下了两颗原子弹，震撼日本。苏联也在 8 月 8 日对日宣战，攻入中国东北地区。日本帝国在 8 月 15 日（第二次世界大战对日战争胜利纪念日）正式宣布投降。1945 年 9 月 2 日日本在美国战列舰密苏里号上正式签署投降书，第二次世界大战结束。

（多媒体出示几张各国欢庆胜利的图片）

战争终于胜利了，但为了赢得这场战争的胜利各国人民付出了惨重的代价。（出示材料）

在这场决定人类命运的生死大搏斗中，先后有 60 多个国家和地区参战，波及 20 亿人口（占当时世界人口的 80%），战火燃及欧、亚、非、美、大洋洲和太平洋、印度洋、大西洋、北冰洋。作战区域面积为

2200 万平方千米，交战双方动员兵力达 1.1 亿人，因战争死亡的军人和平民超过 5500 万，直接军费开支总计约 1.3 万亿美元，占交战国国民总收入的 60% ~ 70%，参战国物资总损失价值达 4 万亿美元。

中国是抗击日本侵略的主战场。据不完全统计，在日本侵略军的屠刀下，中国死伤人数达 3500 万，占二次大战参战国死亡总人数的 42%。其中，死亡人数达 2100 万，仅南京大屠杀就死亡 30 万人以上。按 1937 年的比价计算，日本侵略者给中华民国造成的直接经济损失 1000 亿美元，间接经济损失 5000 亿美元。

师：结合材料讨论：我们对这场人类有史以来最大的灾难有什么感受或反思呢？（提示：可以从战争爆发的原因、战争造成的灾难、反法西斯战争取胜的原因、我们从这场战争中吸取的经验教训、如何才能避免战争等方面去思考。）

生 1：这场战争给人类带来了巨大的灾难，因此我们应该反对战争，维护和平。

生 2：反法西斯同盟国之所以获胜，最根本的原因是它的经济实力远远超过法西斯轴心国，因此我们只有发展自己的经济实力，才能避免战争。

生 3：我认为反法西斯国家联合起来建立联盟才是取胜的根本原因，所以在今天反对霸权主义的斗争中我们只有联合才能取胜。

生 4：英法美的绥靖政策是法西斯国家得以扩大侵略的催化剂，对法西斯国家我们一开始就不能纵容。

生 5：美国的原子弹是促使日本投降的重要原因，因此我们应该努力发展科技。

师：同学们的反思都很好，今天我们学习二战就是要吸取历史教训，以史为鉴，珍视和平、重视发展。让我们再一次来重温二战的全过程。（展示有关二战重大事件的图片，伴随音乐讲述）

我们反思，不是为了仇恨，

仅仅因为记住过去，

永远不要战争的前提，

是永远保持记忆，

永远保持警惕。

播放动态图片《和平鸽和橄榄枝》结束。

附件一

预习学案

课题名称	第7课　世界反法西斯战争的胜利
预习目标	1. 知道：《联合国家宣言》、斯大林格勒战役、诺曼底登陆、雅尔塔会议、德意日法西斯国家投降等史实。 2. 了解：国际反法西斯联盟的建立、斯大林格勒战役、诺曼底登陆和攻克柏林战役在反法西斯战争中的作用。
预习重点	斯大林格勒战役
预习难点	对第二次世界大战的反思
预习方法	通读课文，理清线索，划出重要知识点；上网查阅有关二战资料，完成学案。
自主探究 课前展示	复习第6课《第二次世界大战的爆发与扩大》，预习第7课《世界反法西斯战争的胜利》，编制一个二战的大事年表。（有条件的同学可以制作PPT）
小组合作 黑板展示	小组讨论，确定一个你们小组感兴趣的二战重大历史事件，查找资料，写在本组的黑板上。
查找故事 展示才华	查阅有关斯大林格勒战役的资料，讲一个有关斯大林格勒战役的小故事。（课上讲述）
自主思考 课堂交流	我们应该从第二次世界大战中得到哪些启示？

中篇　实施历史新课程的经典案例

附件二

教学流程图

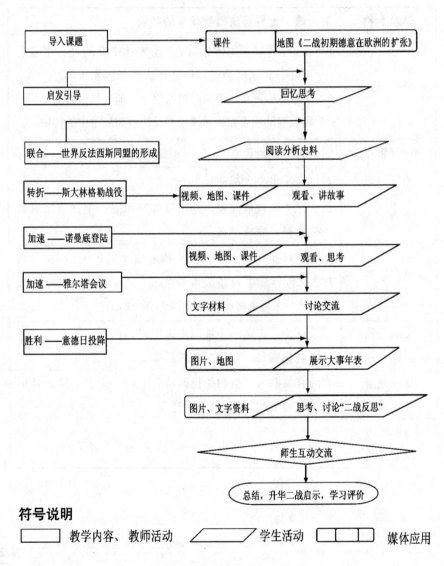

教学流程示意图

| 导入课题 | → | 课件 | 地图《二战初期德意在欧洲的扩张》 |

启发引导 — 回忆思考

联合——世界反法西斯同盟的形成 — 阅读分析史料

转折——斯大林格勒战役 — 视频、地图、课件　观看、讲故事

加速——诺曼底登陆

视频、地图、课件　观看、思考

加速——雅尔塔会议

文字材料　讨论交流

胜利——意德日投降

图片、地图　展示大事年表

图片、文字资料　思考、讨论"二战反思"

师生互动交流

总结，升华二战启示，学习评价

符号说明

☐ 教学内容、教师活动　　▱ 学生活动　　▢▢▢ 媒体应用

七、板书设计

第七课 世界反法西斯战争的胜利

联合——世界反法西斯同盟的形成：1942. 1

转折——斯大林格勒战役：1942. 7 ~ 1943. 2

加速——
- 诺曼底登陆：1944. 6
- 雅尔塔会议：1945. 2

胜利——
- 意大利投降：1943. 9
- 德国投降：1945. 5. 8
- 日本投降：1945. 9. 2

八、教学反思

本节课是北京市义务教育课程改革实验教材历史第 4 册第 7 课。在设计时，我根据历史新课标的理念并有所创新，其成功之处在于：将影视资料引入历史课堂，大大激发了学生学习历史的兴趣；注重学生的自主学习和合作学习；注意将历史地图引入历史课堂教学中；注重情感教育和正确价值观的培养，重视培养学生能力；同时将以前的由教师讲故事变为由学生讲故事，培养学生的口头表达能力，结尾通过"二战反思"开放式问题的思考和讨论，使学生形成对战争的正确认识。小结"吸取历史教训，以史为鉴，珍视和平、重视发展"，"反思战争，不是为了复仇"等提升语句，使学生形成正确的价值观。

本课的不足之处在于：

首先，时间的把握上前松后紧。前面讲斯大林格勒战役的小故事时人数多，故事长，占用了较多时间，后面对二战反思的讨论交流时间短了些，许多学生的观点没有时间表达，影响了教学效果。

其次，在图片的搜集和使用上不够精细。例如：对于二战的有些图

中篇 实施历史新课程的经典案例

片没给学生留出充分的时间提取有效信息，给学生展示一下就匆匆而过了。

第三，对学生关注不够，学生瞬间表现出来的智慧火花，没能得到最充分的肯定和鼓励。如二战反思时学生提出的德国强调优劣人种问题，没有及时给予肯定和表扬。

九、点评

本节课在设计时紧跟历史新课程改革，体现了新课标精神并有所创新，其突出特点有：

首先，注重学生的自主学习和合作学习。通过指导学生分组搜集二战的历史材料，制作二战的大事年表，查找有关斯大林格勒战役的故事，讨论二战的启示和反思等活动，让学生主动参与整个教学过程，充分发挥了学生的主体作用。

其次，注意调动学生学习历史的兴趣。课上通过播放二战的影视片断《斯大林格勒战役》、《诺曼底登陆》；通过展示一系列有关二战的图片和地图；通过讲述斯大林格勒战役的小故事；通过讨论二战的反思和启示等等手段，极大的提高了学生学习历史的兴趣。

第三，注意将历史地图引入历史课堂教学中。导入时利用地图《1939～1942年德意在欧洲的扩张》，讲课中利用了《第二次世界大战中的世界形势》、《中途岛海战》、《二战后期的欧洲和北非战场形势》、《斯大林格勒战役》、《诺曼底登陆》、《1944、1945年的欧洲北非形势》、《1942～1945年的太平洋战场形势》等地图，给学生一个直观形象的地理范围，使学生对战争一目了然。

第四，注重情感教育和正确价值观的培养。本节课的德育重点一是通过斯大林格勒保卫战进行爱国主义和英勇抗战教育；二是形成对战争的正确认识。课中让学生讲述斯大林格勒战役的小故事，让学生感受苏联人民保家卫国和浴血奋战的精神；结尾通过"二战反思"开放式问题的思考，将德育渗透在历史史实中，既贴近学生生活，同时又对学生的人生观价值观产生影响，德育教育也就做到了润物细无声。

第五，重视培养学生能力。通过指导学生解析相关材料，培养学生利用史料提取有效信息和分析、解决具体问题的能力；通过"二战反思"开放式问题的思考和讨论，培养学生针对战争问题，进行一定深度的分析、探讨、并发表自己的观点的综合归纳能力；通过讲述斯大林格勒战役的小故事，让学生参与历史教学，树立榜样，提高学生口头表达能力。在学法指导上，通过实施分组讨论来训练学生的独立探究与合作学习的能力。

2. 将聊天引入历史课堂，利用网络进行历史教学

一、课题

北京版 历史第二册 第十五课 抗日战争胜利的原因

二、教学指导思想与理论依据

1. 指导思想

《初中历史新课程标准》要求我们"精选历史课程内容，设计灵活多样的教学方式，激发学生学习历史的兴趣"，"历史课程改革应有利于学生学习方式的转变，倡导学生积极主动地参与教学过程，树立以学生为主体的教学观念；教师应为学生学习营造一个兴趣盎然的良好环

境，激发学生学习历史的兴趣；注重探究式学习，让学生共同探讨问题，交流学习心得"，在此思想的指导下，我设计了这节活动课。

2．理论依据

本节课利用"主体主导"理论为指导，结合 Web 教室中的多媒体技术和网络技术，为学生提供自主参与、发现探究、协作交流的开放型的学习环境。利用专题网站和网络聊天资源，引导学生进行自主学习、合作学习、探索式学习，主动获取知识、自己领悟方法；教师从知识的传授者，转向学生学习的组织者、引导者、合作者，充分发挥学生的主体地位。

三、教学背景分析

1．教学内容分析

1931 年，日本帝国主义发动"九·一八"事变，中华民族面临严重的民族危机，全国抗日救亡运动不断高涨。1937 年日本帝国主义发动七·七事变，中华民族全面抗战从此开始。中国人民经过 8 年浴血奋战，终于第一次取得了近代以来反侵略战争的彻底胜利。

探究抗日战争胜利的原因，对正确评价国民党、共产党在抗战中的作用；认识抗击外来侵略、捍卫国家主权和民族尊严是中华民族的优良传统；树立民族自尊心和自信心，增强爱国主义情感都具有重要的意义。

2．学生情况分析

（1）学习者特点分析

授课班级为初一实验班学生，他们有一定的计算机基础，已具备了较快的打字速度，但在上网查阅资料方面还需要指导；有一定的文字表达能力，但分析信息、处理信息及共同协作解决问题的能力尚欠缺；他们对中国取得抗日战争胜利的原因有一定的了解，但初一学生没学世界历史，对中国抗日战争在世界反法西斯战争中的地位及国内外各方面关系知之不深。

（2）相应对策

针对以上情况，本节课采用了网络这种学习环境，给学生提供相应的网络资源，通过引导式、讨论式、合作式教学，尽可能多地为学生提供独立活动的机会、时间，使学生真正成为学习活动的主体，发挥他们的主动性和创造性。

（3）学法指导

自主学习：围绕本节课的目标任务，学生自己在互联网中自主发现，自主探索。

协作学习：借助网络的交互聊天功能，同学之间相互点评，相互补充，相互帮助，取长补短，从讨论合作中得到启发和帮助，通过相互的协作达到对教学内容有较深的理解和掌握，彼此共同分享成功。

3．教学方法

（1）模式

情景导入 → 明确主题 → 自主学习、教师指导 → 小组交流、辩论 → 全班交流→教师总结 → 布置作业 → 结束

（2）具体方法

先提供网络资源，学生查阅和自由选择，接着师生互动，个别辅导，及时发现学生问题，帮助他们解决问题，最后学生交流，教师总结归纳提升。

4．教学准备

①学习环境选择：Web 教室、校园聊天网、Internet

②学习资源类型：互联网、学校建设的网站和 internet 上的资源网

③教师提供学习资源内容部分网址：

http：//www. 77china. org. cn/

http：//www. china1931. net/

http：//www. china918. org/

http：//news. xinhuanet. com/overseas/2005 – 04/18/content _ 2844287. htm http：//auto．*sin*a．com．cn/news/2008－03－17/1758355811．shtml

http：//gb．cri．cn/27824/2009/08/28/1545s2605248．htm

四、教学目标设计

1. 知识与能力

通过本课的学习，使学生了解抗日战争胜利的原因包括国民党正面战场的抗战、共产党敌后战场的抗战、中国全民族抗战、美国和苏联的帮助、世界反法西斯人民的大力支援；通过引导学生在互联网收集文字资料培养学生搜集资料、提炼有效信息的能力；通过对抗日战争胜利的原因的讨论、交流，培养学生探究问题、表达问题的能力。

2. 过程与方法

通过课前调查，根据观点将学生分成 6 个不同的小组：蒋干组（认为国民党在正面战场坚持抗战是胜利的主要原因）；共工组（认为共产党在敌后战场坚持抗战是胜利的主要原因）；华佗组（认为国统区沦陷区解放区人民的全民族抗战是胜利的主要原因）；屈原组（认为美国对中国抗战的支援是胜利的主要原因）；苏武组（认为苏联对中国抗战的支援是胜利的主要原因）；庞统组（认为世界各国人民对中国抗战的支援是胜利的主要原因）。

上课时学生进入相关网站查找资料，通过网上聊天的方式为本组观点补充论据、同时批驳别组观点，最后进行全班交流讨论，教师为学生提供自主参与、发现探究、协作交流的开放型的学习环境，学生充分自主合作交流。

3. 情感态度与价值观

通过本课学习，使学生认识到，中国的抗日战争对世界反法西斯战争的胜利做出了重大贡献，正是有了民族利益至上、宁死不屈的民族自尊品格；有了万众一心、共赴国难的民族团结意识；有了不畏强暴、血战到底的民族英雄气概；有了百折不挠、自强自立的民族自强信念；有了开拓创新、发展新路的民族创造精神；有了坚持正义、维护和平的民族奉献精神，我们才取得了这场战争的胜利。中国各阶层人民和世界反法西斯人民的团结合作是取胜的根本原因。

五、教学重点和难点

1. 重点

抗日战争胜利的原因。

对策：

①为学生提供与本课重点知识相关的网站，在学习目标的指导下，学生自主地利用网络查阅资料，了解史实，走进抗战的历史，在理解的基础上形成结论，突破重点。

②通过视频、谜语、歌曲等，激发学生学习的兴趣。

③在老师指导下，引导学生利用网络探究、解决问题。

2. 难点

如何认识抗日战争取得胜利的原因中各种原因之间的关系。

对策：

①让学生利用提供的网站，自主学习，拓展知识，加深理解。

②通过全班交流，小组辩论，教师点拨，使学生形成正确的认识。

六、教学过程与教学资源设计

第一环节：教师导入、创设情境

师：73 年前，日本发动了全面侵华战争，65 年前，中华民族最终取得了抗日战争的完全胜利。血火淬炼的抗战精神，在历史的星空定格成永恒。虽然我们这代人没有亲身经历过抗日战争那段中国人民最艰苦的日子，但可以从电影电视中看到那血雨腥风、气壮山河的惨烈悲壮画

面，今天让我们通过影片再一次来回首那段令中国人民扬眉吐气的历史。（播放视频片段《重庆谈判》抗战胜利一段）

师：1945 年抗战胜利后，沉浸在抗战胜利喜庆氛围中的重庆，某大报副刊刊出一则谜语，谜面是日本投降的原因，谜底是打一中国古代名人。

生：猜谜语回答：蒋干、共工、华佗、屈原、苏武、庞统。

师：都有道理，你同意哪一种观点呢？

第二环节：个人查找、小组交流

学生自愿进入 6 个不同的小组：

蒋干组（认为国民党在正面战场坚持抗战是胜利的主要原因）；

共工组（认为共产党在敌后战场坚持抗战是胜利的主要原因）；

华佗组（认为各阶层人民的全民族抗战是胜利的主要原因）；

屈原组（认为美国对中国抗战的支援是胜利的主要原因）；

苏武组（认为苏联对中国抗战的支援是胜利的主要原因）；

庞统组（认为世界各国人民对中国抗战的支援是胜利的主要原因）。

学生进入相关网站查找资料，为自己的观点收集论据，然后通过网上聊天的方式进行小组交流、同时批驳别组观点，教师个别指导。

第三环节：全班交流、互相辩论

（各组组长先发言，阐述本组观点，组员补充，并批驳别组观点，互相辩论，以下是上课时学生交流的发言）

第一组：蒋干组（国民党在抗战中的作用）

魏弘元：正是由于国民党在正面战场的抵抗，才使得日寇速灭中国的计划破产，夸张而又实际的说，没有国民党的正面抵抗，中国可能当时就亡国了，并且共产党也不可能借此壮大。我问一下大家，当时是哪个政党代表的中国政府？理所当然应该是国民党，那谁又是国民党的领导人？蒋介石。蒋介石曾告诫广大国军将领：人人皆有守土抗战的职责。面对日军疯狂的大轰炸和血腥的大屠杀，国民党政府始终不屈不挠、坚毅不拔地领导抗战。抗战初期，国军在正面战场上拖住了日本陆军80%的兵力，粉碎了日军北上进攻苏联的计划。

张悦：正面战场大型会战有淞沪会战、太原会战、徐州会战、武汉会战等22次，此外，还有远征军两次赴缅甸作战；重要战斗1100余次，小规模战斗近5万次。国民政府先后动员了743万军队对日作战，8年抗战，国军阵亡将士高达320万人，光高级将领就有150多人，击毙伤日寇165万人！正面战场的作战，重创了日本侵略者的狂妄气焰，粉碎了其速战速决的战略企图。

刘旭：抗日战争开始后，国民政府经过深入讨论，确定以"持久消耗战"为战略方针，即采取持久战略"以空间换时间"，逐次消耗敌人，争取最后的胜利。这种策略对抗战胜利起了至关重要的作用。

苗欣欣：在纪念中国人民抗日战争暨世界反法西斯战争胜利60周年大会上，胡锦涛在提到国民党在抗战当中的作用时说，以国民党军队为主体的正面战场，组织了一系列大仗，特别是全国抗战初期给日军以沉重打击。"我们一直很客观地评价国民党军队在正面战场抗击日本军队的作用。"可见，共产党也肯定国民党的作用。

张吉川：国民党当时是执政党，拥有300万军队。国民党当局的政策转变对于抗日战争的胜利有十分重要意义，这是无疑的。抗战初期几年由于共产党力量比较弱小，整个中国战场以国民党军队抗击为主；敌后战场作用不大。在正面战场上，国民党军队的许多官兵都进行了英勇的作战。

第二组：共工组（共产党在抗战中的作用）

于家雷：我认为共产党才是抗战胜利的主要原因。中国共产党首先提出武装抗日的爱国主义主张，率先吹响了抗日的号角，中国共产党全力倡导并积极促成了以国共合作为基础的抗日民族统一战线，全力维护和巩固抗日民族统一战线，为抗日战争的胜利奠定了坚实的政治基础，中国共产党的清明政治实践和英勇抗日行动为全国人民树立了光辉榜样，提供了全新的政治选择，鼓舞了广大人民群众的抗战热情，唤醒了中国人民民族的觉醒和战斗精神。

钱成：在抗战期间，中国共产党根据中日战争特点，明确提出实行全面抗战路线和持久战的战略方针。确定了向敌后发展，建立敌后抗日民主根据地，发展游击战争的战略任务。开辟了广大的敌后战场。敌后战场的开辟和发展吸引了大量的日本兵力，减轻了国民党正面战场的压力，成为国民党抗战到底的一个重要因素，为赢得整个抗日战争的胜利做出了重要贡献。

武鑫宇：如果没有共产党、八路军、新四军和陕甘宁边区真心实意地出来主张停止内战一致抗日，那就无人发起抗日民族统一战线，无人领导和平解决西安事变，那就无从实行抗日。1938年5月，毛泽东同志写下《论持久战》是夺取抗战胜利的指南，对全民族抗战起到了重大的战略指导作用。

陈琪：一一五师在平型关首战告捷，歼敌1000多人，这是抗战以来中国军队的第一次大胜仗。一二九师夜袭阳明堡飞机场，焚毁敌机24架。八路军1940年下半年发动的"百团大战"，毙伤日伪军2万多人，鼓舞了中国人民抗战胜利的信心。在抗战后期，共产党领导的人民军队抗击了半数以上的侵华日军和几乎全部伪军。

郭皓：据国民党自己吹嘘，他们歼灭了110万日军，但国民党谎报成风，这个战绩是有很大水分的。根据80年代后大陆学者和日本学者的研究，认为国民党消灭的日军应该在53万至80万之间。以前发布的共产党的歼灭日军52万多的战绩不包括东北抗联十四年的战绩。根据最新研究成果，东北抗联消灭日军在18万以上。这样算来，共产党总共歼灭的日军在70万以上，超过了国民党。

第三组：华佗组（中国人民在抗战中的作用）

柳繁：我认为单是国民党或者单是共产党都不能取得抗日战争的胜利，抗战胜利的根本原因是中国的全民族抗战，中国建立了以国共合作为主体的抗日民族统一战线,把中华各族人民、各民主党派、各爱国军队、各阶层爱国人士以及海外华侨,团结起来,开展全民族的抗日战争。它是夺取抗战胜利的旗帜,对于打败日本帝国主义有决定性的作用。

时雨:抗日战争是在中国共产党倡导的抗日民族统一战线的旗帜下,以国共两党合作为基础的全民族的抗战。战争给中国人民带来了深重的灾难,然而战争也锻炼和教育了人民,促进了人民的觉醒。在神圣的民族解放战争中,整个中华民族同仇敌忾,团结一致,同敌人血战到底。正是有了万众一心、共赴国难的民族团结意识;正是有了坚持正义、维护和平的民族奉献精神,我们才取得了这场战争的胜利。

张楠:抗战时期人民群众发挥了聪明才智,创造出地道战、地雷战等多种战法。使日军防不胜防,闻雷丧胆,在抗日战争中发挥了巨大的作用,成为夺取抗战胜利的重要保证。

魏彤:东北抗日联军14年的艰苦斗争牵制了数十万日伪正规军,有力地支援了全国的抗日战争。1945年8月,东北抗联配合苏军反攻,在解放东北的战争中起到了重要作用。

蔡蕾:马本斋在家乡献县东辛庄组建抗日武装——回民义勇队,率领回民支队英勇战斗,对敌人进行沉重打击。

第四组:屈原组(美国支援中国抗战)

孙璐:我认为美国对中国的援助才是中国能够坚持到最后胜利的主要原因。抗战时期美国给了中国很多物质援助,我给大家提供一些数据:1940年3月7日,美国划拨2000万美元贷款给中国。1940年9月13日,美国再给中国2500万美元的新贷款。1940年11月29日,美国给中国一笔5000万美元的平准基金贷款,同时提供另外一笔5000万美元的商业贷款。1941年5月18日,第一批包括300辆汽车在内的价值110万美元的援华物资从纽约起运,前往中国。1941年5月25日,美国再一次批准援助中国价值4540万美元的武器弹药。1941年6月9日,第一批110名飞行员和150名机械师等地勤医务人员组成的美国支援队乘飞机前往中国。1941年7月23日,美国为一支有500架飞机的中国航空队提供装备和人员。

李雅欣：美国政府和人民曾真诚地帮助中国抗战。1941 年太平洋战争爆发前，陈纳德将军的"飞虎队"就在中国直接参与对日作战。后来，在中国军民抗战最困难的时候，驼峰航线几乎成了中国唯一的国际通道。美国空军在"驼峰航线"上一共损失飞机 468 架，牺牲和失踪飞行员和机组人员共计 1579 人。美国的大力援助，是中国抗战胜利最重要的外部力量。

鲍振北：美国向日本投的两颗原子弹是日本很快投降的主要原因，当时广岛人口为 34 万多人，当日死者计 8.8 万余人，负伤和失踪的为 5.1 万余人；长崎全城 27 万人，当日便死去 6 万余人。

高鹏菲：日本的陆军精锐，海军和空军的有生力量都不是中国消灭的，是美国消灭的。日军投降时的总数达到 720 万。其中"中国派遣军"105 万，占 15%；关东军向苏军投降 68 万，占 9%。在太平洋战场向以美军为首的盟军投降的南方军和"国内军"合计约 550 万，占 76%。日本统计：二战中日军总计战死 195 万人，其中在中国八年战死 40 万人。也就是说，中国八年抗战击毙日军数只占日军二战死亡总数不到 22%，日本海军和陆军的其他精锐主要也是为美国所消灭。美军在太平洋上击毙日军 120 万，而且大多为精锐。

仇晶：八年抗战时期，国民党军队消耗的 17 万～18 万吨弹药再加上共产党军队消耗的 2 万～3 万吨，中国军队总共才消耗了约 20 万吨弹药。1945 年冲绳之战美军弹药消耗估计就超过 20 万吨。这也证明美国是打败日本的主力。

第五组：苏武组（苏联支援中国抗战）

尹伊杨：我认为苏联对中国的援助才是中国能够坚持到最后胜利的主要原因。抗战时期苏联在政治、道义、精神和外交上给中国抗战以支持，鼓舞了中国抗日军民的士气；给予中国贷款和军事物资援助，改善了中国抗战中武器装备落后和匮乏的状况，提高了中国军队的抗战能力；派遣军事顾问和各类专业技术人员援华，提高了中国军队指挥员的指挥和协调能力，据统计，经苏联军事专家指导，在各类军事院校、训练班和部队直接接受培训的中国人员约有 9 万余人。

宋天阳：苏联给了我们大量贷款，中苏三期贷款共计 2.5 亿美元，苏联予华贷款利息亦较低，为 3 %，为我国所获最低者（英美援华为 6.5 %以上），抗战的头 4 年，苏联向中国提供了 1250 架飞机，在 1937~1941 年期间，苏联向中国提供了当时最先进的武器和军备，派遣军事顾问、专家和志愿飞行员，为中国军队培养了一批高素质的干部。

李松：从 1938 年开始，苏联支援中国的轰炸机、驱逐机一队一队飞到中国，先后达 1000 架，随同飞机而来的苏联航空志愿队达 2000 人。苏联志愿空军人员同中国人民并肩作战，打击日本侵略者，为中国抗战立下了不朽的功勋。有近 200 人献出了宝贵的生命。

苟亮：苏联强大兵力在远东的存在，客观上起到了有力牵制日军、支援中国抗战的作用。而苏联在抗战末期出兵中国东北，一举打垮了日本关东军和驻朝鲜日军，在远东战役中，苏军共击毙日军 83737 人，俘虏日军 59.4 万人，缴获坦克 686 辆、飞机 861 架、大炮和迫击炮 4300 门。加速了日本的败降和中国抗日战争胜利的进程。

王迪：不可否认，原子弹产生了促使日本投降的重要心理效应，但我认为，正是苏联参战使日本人最终相信全面失败是不可避免的，于是决定投降。8 月 9 日，在日本内阁召开的紧急会议上，日本首相铃木说："今晨苏联开战使我们陷入绝境，继续战争已是不可能的了。"日本天皇裕仁在告日本军人的诏书中也没有提到广岛和长崎的原子弹，只是说"现在苏联开始对我们作战，继续抵抗就会使帝国赖以生存的基础受到威胁"。

第六组：庞统组（世界人民对中国抗战的支援）

张玮：我认为世界人民对中国的援助才是中国能够坚持到最后胜利的主要原因。"七七事变"后，世界各国人民纷纷以不同方式声援中国抗战。英国发起成立"援华会"，抵制日货；法国有 100 多名议员参加了援华组织，当时全世界近 800 万华侨，有一半以上参加了各种不同方式捐款，购买中国政府向海外发行的各种公债。从 1937 年下半年到 1940 年初，华侨捐献的各种物资总数达 3000 批以上，平均每月 100 批。战时回国服务的华侨团体有数十个。参加中国空军的数百归侨，不少人血洒蓝天。以陈嘉庚为首的南侨总会先后动员了 3500 多名技术熟练的机工回国参加抗战，到滇缅路抢运战略物资。

杜静：美国陈纳德将军一直在中国进行抗日战斗，并为中国培养飞行员。他率领的美国援华志愿航空队多次痛击日寇，屡立战功，以"飞虎队"的美名著称于世。在著名的滇西抗战中，陈纳德的飞虎队在日军坦克即将通过怒江大桥的关键时刻炸毁了这座桥，把日军阻隔在怒江对面，使日军从滇西进击中国抗战大后方的图谋破产。美国人史迪威将军为中国打造出一条抗日生命线——史迪威公路，使国际援华物资源源不断运入中国，有力地支援了中国抗战和亚洲反法西斯战争，为中国抗日战争的胜利打下了坚实的基础。

程旭：南洋华侨推举陈嘉庚为主席，积极发动华侨捐款捐物，抵制日货，惩办奸商，支援祖国抗战。据南京政府财政部统计，华侨自 1937 年～1945 年，8 年中捐款共达 13 亿多元（国币），平均每年 1.6 亿万元。其中南洋华侨捐献比重最大。海外华侨在物力方面对祖国抗战贡献也甚为可观。截至 1940 年 10 月不完全统计，共捐献飞机 217 架，坦克 27 辆，救护车 1000 辆，大米 1 万包，以及大量药品、雨衣、胶鞋等用品，自 1937 年至 1940 年总数达 3000 批以上，每月平均 100 批。这些物资有力地支援了中国抗战。

洪松楠：许多国际友人从各个方面支援中国抗战。他们当中，有在抗日战场救死扶伤，献出了自己宝贵生命的白求恩、柯棣华大夫；有冒着烽烟战火为宣传抗战奔走呼号的美国作家史沫特莱，安娜·路易斯·斯特朗；有为支援中国抗战，驰骋疆场，血洒太行的陈光华、石鼎等朝鲜同志。这些外国朋友为援华抗日做出了卓越的贡献。

彭兴港：有材料说，从 1937～1945 年的 8 年间，美国华侨的捐款总额为 5600 万美元以上，加拿大 500 万美元以上，墨西哥 200 万美元以上，古巴 240 万美元以上，其他国家估计一个侨胞平均每月约捐美金 1 元。全美洲 8 年合计捐款约在 69156115 美元以上。

第四环节：教师总结、归纳提升

师：刚才同学们都发表了自己的观点，我把它归纳为以下几点：

中国能够取得抗日战争的胜利是因为它是一场正义性的反侵略战争，因此得道多助，具有广泛的社会基础；是因为中国全民族抗战，从敌后战场到正面战场、从国统区到沦陷区、从国内社会各阶层到国外华侨、从汉族到少数民族都积极抗战；是因为两大战场相互依存，相互配合；是因为世界反法西斯战争的相互配合。世界反法西斯统一战线的形成和作战的相互协调是二战胜利的根本原因，世界反法西斯人民和中国各阶层人民的团结协作是中国抗日战争能够取胜的根本原因。

师：战争的硝烟已经散尽，但在我们脚下这块土地上，曾经发生过的最惨烈的战争，侵略者惨绝人寰的血腥屠杀，先烈们浴血抗战的惊天壮举……无论时光如何流转，都不应当被忘记。中国的抗日战争是世界反法西斯战争的重要组成部分，是太平洋战场的主战场，抗击着大部分日军。正是有了民族利益至上、宁死不屈的民族自尊品格；正是有了万众一心、共赴国难的民族团结意识；正是有了不畏强暴、血战到底的民族英雄气概；正是有了百折不挠、自强自立的民族自强信念；正是有了开拓创新、发展新路的民族创造精神；正是有了坚持正义、维护和平的民族奉献精神，我们才取得了这场战争的胜利。

（以《抗敌歌》为背景音乐，播放一组抗战重大事件的图片）

师：前事不忘，后事之师。中华民族只有团结一心，才能战胜强大的敌人，也只有齐心协力，才能屹立于世界民族之列。我们强调牢记历史并不是要记住战争，而是要以史为鉴、面向未来。

（播放歌曲《热血歌》结束）

中篇 实施历史新课程的经典案例

七、板书设计

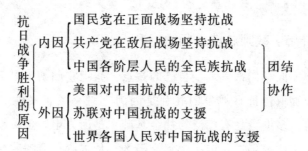

抗日战争胜利的原因

内因
- 国民党在正面战场坚持抗战
- 共产党在敌后战场坚持抗战
- 中国各阶层人民的全民族抗战

外因
- 美国对中国抗战的支援
- 苏联对中国抗战的支援
- 世界各国人民对中国抗战的支援

团结协作

附件一

教学流程图

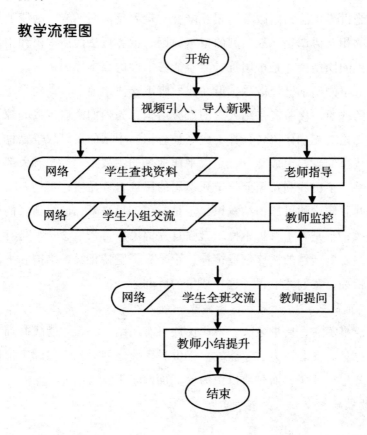

图符说明：⬭ 开始结束　▭ 教师活动　▱ 学生活动　⬭ 网络

八、教学反思

本节课是将信息技术与历史学科教学整合的一节自主学习的研究课，成功之处在于：

1. 运用多媒体教学手段，特别是运用了网络教学，使教学形象直观、轻松活泼，突出了重点，突破了难点。课堂教学中引用视频、歌曲、谜语，大大提高了学生学习的兴趣，其中利用网络聊天的方式是本课的一大亮点，学生通过论坛聊天，使思想得到了充分交流。

2. 充分发挥了学生的主体作用。本节课教师只是讲了导入和小结，剩下半个多小时都是学生在活动，教师提供了和本课主题有关的大量网页，学生自己查找资料，网上聊天，小组交流，全班交流，人人都发言，个个都动脑、动手，教师的主导作用和学生的主体作用体现得非常明显。很多学生都认真阅读网页并归纳总结，观点明确，论据充分。

3. 充分发挥历史学科的育人功能，重视对学生的情感教育，让学生形成对抗战胜利的正确认识，例如小结时老师强调："中国的抗日战争是世界反法西斯战争的重要组成部分，是太平洋战场的主战场，抗击着大部分日军。正是有了民族利益至上、宁死不屈的民族自尊品格；正是有了万众一心、共赴国难的民族团结意识；正是有了不畏强暴、血战到底的民族英雄气概；正是有了百折不挠、自强自立的民族自强信念；正是有了开拓创新、发展新路的民族创造精神；正是有了坚持正义、维护和平的民族奉献精神，我们才取得了这场战争的胜利。""前事不忘，后事之师。中华民族只有团结一心，才能战胜强大的敌人，也只有齐心协力，才能屹立于世界民族之列。我们强调牢记历史并不是要记住战争，而是要以史为鉴、面向未来。"

4. 重视学生能力的培养，通过引导学生在互联网收集文字资料培养学生搜集资料、提炼有效信息的能力；通过对抗日战争胜利的原因的讨论、交流，培养学生探究问题、表达问题的能力。通过分组网络聊天，培养学生小组合作能力。通过课后反馈，学生对这种形式非常满意，许多同学都说："老师，今后我们每节历史课都这么上吧。"

本节课不足之处在于：

（1）由于时间关系，给学生查找资料、网上聊天交流的时间稍少。

（2）个别学生在网上聊天时跑题了，需要教师加强课堂的调控。

（3）这种自主形式的课堂授课模式是需要教师和学生在课前做大量的准备工作的，这需要教师大量地抽出时间备课，代价比较大。同时不是所有的课型都适合这种形式，所以不具备推广性。

九、点评

本节课的突出特点是贯彻素质教育和新课程理念，充分发挥学生的主体地位。教师首先放手让学生根据自己的观点进入相关网站查找资料，进行个别化学习，为自己和本组观点寻找论据，培养学生获取信息的能力，拓宽学习的广度；接着通过网上聊天，小组交流，为本组观点补充论据并批驳别组观点；最后进行全班交流讨论，使认识在交流中得到升华，从而培养学生的创新思维能力和实践能力。本节课充分利用专题网站和网络聊天资源，引导学生进行自主学习、合作学习、探索式学习，主动获取知识、自己领悟方法；教师从知识的传授者，转向学生学习的组织者、引导者、合作者，充分发挥学生的主体地位。

网络教学是历史教学的发展方向，是教学方式、学习方式质的变革。在信息化时代，学生们已不再需要教师向其灌输多少知识，而是需要学会如何去获取知识。网络教学能更好地培养学生自主学习、合作学习的能力，它应该是历史教学改革的方向。

3. 将影视引入历史课堂，
利用情景剧进行历史教学

一、课题

北京版 历史第二册 第二十四课 "文革"动乱

二、教学指导思想与理论依据

1. 指导思想

《初中历史新课程标准》对本课的要求是：简述"文化大革命"中民主法制和国民经济遭受严重破坏的主要史实，认识到"文化大革命"给国家和人民带来了严重灾难。

2. 理论依据

近年兴起的建构主义和人本主义学习理论都强调教学要以学生为主体。人本主义教学观认为，学生是有思想感情、有独立人格的个体，是有主观能动性并不断发展的。建构主义则认为意义建构是整个学习过程的最终目标，教师是意义建构的促进者，学生是意义的主动建构者。根据这些理论，在教学中我以学生为中心，利用影视资料激发学生的学习兴趣，设计问题引导学生自主探究，编写情景剧让学生表演，通过一系列活动进行生生、师生互动，并最终形成对文革的正确认识。

三、教学背景分析

1. 教学内容分析

1949 年新中国成立后，中国步入现代史时期。中国现代史又可分为四个时期：1949 年 ~ 1956 年的过渡时期；1957 年 ~ 1966 年的十年探索时期；1966 年 ~ 1976 年的十年文革时期；1976 年后的社会主义现代化建设的新时期。

文革时期是中国现代史的转折时期，它既是十年探索时期"左"倾错误不断发展到以阶级斗争为纲导致的恶果，也是 1978 年十一届三中全会改变工作重心的根源所在。文化大革命是一场由毛泽东错误发动，被反革命集团利用，给党、国家和各族人民带来严重灾难的内乱，使党、国家和人民遭到建国以来最严重的挫折和损失。文革十年是疯狂的十年、混乱的十年、让人不堪回首的十年，这是一段我们中华民族永远不能忘记的历史。所以本节课在讲述中必须突出动乱的特点，特别表现在"文革"中中国的民主和法制遭到彻底的践踏。但是如果单讲动乱，就不能弘扬本节课的主旋律，所以在教学中我有意识地进行取舍，打乱教材的顺序，分成三部曲，突出文革的亮点，如中国共产党和人民在"文化大革命"中同"左"倾错误和林彪、江青反革命集团的斗争，特别是二月抗争和四五运动。使学生形成正确的认识：中国人民是伟大的人民，中国共产党和社会主义制度具有伟大而顽强的生命力。强调以史为鉴，在"文革"中成长。

2. 学生情况分析

课前通过调查发现，大部分学生已经通过家长、书本、媒体和网络等方式对文化大革命的相关历史事件有所了解，但对文革十年中党和国家领导人的一些做法、文革的影响、经验教训等理解上存在困难。另外，初一学生年纪偏小、认知水平有限，对理论知识不感兴趣，但爱看影片，爱听音乐，好动，爱表现自己。根据学生的这些特点，课前鼓励学生查找资料，向长辈调查，课上让学生展示，角色扮演，满足他们的表现欲和成就感；讲课中，充分利用多媒体技术制作课件，创设情境，适时插播有关文革的影视资料，激发学生兴趣，使学生深入了解这段历史，并形成对文革的正确认识。

3. 教学方法

本课采用角色扮演法、讨论法、讲述法等多种方法相结合的综合式教学法。

4. 教学准备

（1）教师准备：搜集文字、图片、视频资料，制作 Powerpoint 课件。

（2）学生准备：根据兴趣分成 6 个小组，第一小组搜集文革的有关文字资料；第二小组搜集文革的相关视频；第三小组搜集文革的相关歌曲；第四小组搜集文革的有关图片；第五小组搜集文革的有关实物，或采访文革经历者，要求提供采访的录音或录像资料；第六小组制成 PPT 课件；各小组由组长负责整理、展示。

四、教学目标设计

1. 知识与能力

（1）"文化大革命"的背景和全面发动；红卫兵运动；"一月革命"；二月抗争；林彪反革命集团的覆灭；"四人帮"；"批林批孔"运动；"四五"运动；粉碎江青反革命集团。

（2）引导学生对十年内乱原因、经验教训的思考，培养学生综合分析历史问题的能力及正确把握历史发展方向的能力。

2. 过程与方法

课前指导学生分成 6 个小组搜集有关文革历史材料和向经历过文革的长辈进行社会调查，使学生对"动乱"有一个初步的认识。课上通过播放有关"文化大革命"的影视片断及"文革"期间的相关图片，引导学生围绕民主法制和国民经济遭受严重破坏的一些相关主题，通过表演、讨论、展示、交流等多种方法，使学生加深对文革动乱的认识，同时启发学生吸取历史教训，以史为鉴，增强民主意识和法制观念，达到历史教育的真正目的。

3．情感态度与价值观

（1）通过"二月抗争"的教学，让学生认识到，面对大动乱的局势，一些老一辈革命家挺身而出，进行抗争，代表了党和人民的意志，表现了老一辈革命家无私无畏的凛然正气。由此教育学生学习老一辈革命家不畏强暴，维护正义的抗争精神，树立敢于坚持真理的人生价值取向。

（2）了解文革中民主与法制遭到严重破坏的史实，强化学生的民主与法制意识。

（3）认识"文化大革命"的性质是一场由毛泽东错误发动和领导，被林彪和江青两个反革命集团所利用，给党、国家和广大人民带来灾难和损失的动乱。

五、教学重点和难点

重点：1．二月抗争。2．林彪、江青反革命集团及其覆灭。

难点：1．"文化大革命"发生的原因。2．"文化大革命"的教训。

六、教学过程与教学资源设计

序曲：灾难与动乱，让我们走进那段不堪回首的岁月。

播放《"文化大革命"视频》（《霸王别姬》选段），在学生看完影片后，老师趁势导学：这是什么年代发生的事？

老师沉痛地说：文革把情人变成仇人，把朋友变成敌人，把中国人变成了野蛮人，变成了不受道德和伦理约束的人群。这是疯狂的十年，混乱的十年，让人痛心疾首的十年，让人不堪回首的十年，这是一段我们中华民族永远不能忘记的历史。接下来就让我们一起去探究那段灾难深重的历史吧！

主题：破坏和抗争，让我们在"文革"中沉思。

（一）动乱与破坏

1. "文化大革命"发动的原因

师：你能结合预习知识，说一说毛泽东 1966 年为什么要发动"文化大革命"吗？

生 1：毛泽东对党和国家，国际形势做出错误判断。

生 2：被林彪和四人帮一伙所利用。

生 3：当时国家政治生活当中存在的个人崇拜现象。

师强调：根本原因是"左"倾错误发展到以阶级斗争为纲导致的恶果。那么"文化大革命"全面发动的标志是什么？

2. "文化大革命"发动的标志

师：1966 年 5 月中央政治局扩大会议和同年 8 月八届十一中全会的召开是"文化大革命"全面发动的标志。两次会议相继通过了《五·一六通知》和《关于无产阶级文化革命的决定》，对所谓"彭真、罗瑞卿、陆定一、杨尚昆"反党集团和"刘少奇、邓小平司令部"进行了错误的批判。根据《五·一六通知》，5 月 28 日中共中央发出通知：设立中央文化革命小组，由陈伯达任组长，康生等任顾问，江青、张春桥等任副组长，并规定"中央文革小组""隶属于政治局常委之下"，以后，文革小组逐步取代中央政治局和中央书记处，成为"文化大革命"的实际指挥机构。

八届十一中全会后，全国掀起批判"资产阶级反动路线"的狂潮，矛头直指刘少奇、邓小平。红卫兵突起，并在全国范围内进行"大串连",他们把中央文革的旨意带到各地,带动了各地的动乱,使地方党组织陷于瘫痪。

(多媒体展示《红卫兵和造反派的袖章》、《毛泽东在天安门会见百万红卫兵》等有关红卫兵的图片并配以歌曲《万岁毛主席》)

师:你能结合你所了解的红卫兵知识,谈谈如何认识红卫兵运动吗?

生1:红卫兵是文革动乱的因素之一,他们冲击了无数无辜的群众,也冲击广大干部,并毁坏了许许多多珍贵的历史文物和文化遗产。

生2:大部分红卫兵由于对毛泽东的个人崇拜心理,加上年轻易冲动,缺乏法律基本素养,为了紧跟形势和领导意图,为了个人名利地位,为了铲除异己,就不惜出卖灵魂,出卖良知,给中国造成了深重的灾难。

生3:红卫兵运动作为文化大革命十年动乱的一部分,这场运动给共和国留下了极其惨痛的一页,无论对党和国家,还是对新中国的一代青年,它都是一场浩劫,一场噩梦,一场历史的大悲剧。

师强调:青年学生要防止个人崇拜,明辨是非,不盲动。

3.“一月风暴”

1967年1月6日,以王洪文为首的“上海工人革命造反总司令部”等造反组织在江青、陈伯达、张春桥等策动下召开“打倒上海市委大会”,夺了上海市委的权,这就是“一月风暴”。1月8日,毛泽东表示支持并号召夺权,全国内乱由此加剧。

(多媒体展示《批斗彭德怀》、《刘少奇被迫害致死》等图片并配以哀乐。)

(多媒体出示材料)

材料一:

刘少奇在中南海被批斗,失去人身自由。他拿着《宪法》愤怒地说:“我是中华人民共和国主席,你们怎样对待我个人,这无关紧要,但是我要捍卫国家主席的尊严。你们这样做,是在侮辱我们的国家。我个人也是个公民，为什么不让我讲话？宪法保障每个公民的人身权利不受侵犯，破坏宪法的人是要受到法律的严厉制裁的。"

1968年10月，中共中央八届十二中全会召开了。会议批准了江青、康生、谢富治主持下用伪证写成的《关于叛徒、内奸、工贼刘少奇罪行的审查报告》，作出了将刘少奇"永远开除出党，撤销其党内外一切职务"的决定。

患糖尿病的刘少奇，他曾拿着共和国宪法申辩，但在那无法无天的年代，堂堂国家大法弃之如敝屣，又焉能救得了他的性命！他身患糖尿病后，得不到及时治疗，无人照顾，独自一人苟延残喘。即使如此，也不得安生，1969年10月17日刘少奇被押送到开封"监护"，被绑在木板床上，高烧不退，肌肉萎缩，11月12日被迫害致死，13日推到火葬场半夜悄然火化。背着亲属子女，谎称"烈性传染病患者"，挂名刘卫黄，职业"无业"。

材料二：

1966~1976年，全国人民代表大会仅召开一次。1966年8月，政协停止办公。1966年8月，各民主党派停止办公。1968年，第四届政协常委159名委员中74人被定为"叛徒、特务、反革命、里通外国"。

师：结合上述材料，思考："文革"中民主与法制是怎样遭到践踏的？

师：正如邓小平所说"我们这个国家有几千年封建社会的历史，缺乏社会主义的民主和社会主义的法制"。在"文革"中，人民的生命财产和公民权利受到践踏；由于"全面夺权"，司法部门瘫痪，社会秩序极端混乱；人民代表大会制度、各党派政治协商制度遭到破坏；中国共产党的规章制度被践踏，党内政治生活无法正常进行。面对这种动乱局面，老一辈革命家和广大人民群众是什么态度？

（二）抵制与抗争

1. 二月抗争

49

新课程历史怎么教

1967 年 1 月至 2 月间，在中央召开的不同会议上，老一辈无产阶级革命家对"文化大革命"的错误做法表示强烈不满，对林彪、江青一伙诬陷迫害老干部、乱党、乱军的罪恶活动进行斗争。康生一伙向毛泽东作了片面汇报。毛泽东批评了参与斗争的老同志，二月抗争被诬之为"二月逆流"。（学生表演历史剧：二月抗争，剧本见附件）

师：老一辈革命家抵制"文化大革命"的错误做法，说明了什么？

生：面对大动乱的局势，一些老一辈革命家挺身而出，进行抗争，代表了党和人民的意志，表现了老一辈革命家无私无畏的凛然正气。

师：既然党内大多数老干部反对"文化大革命"的错误做法，为什么"文化大革命"的错误做法在当时不能得到纠正呢？

生："文革"中搞个人崇拜，民主集中制遭到了破坏。

2. 四五运动

1976 年 1 月 8 日，周恩来逝世，全国人民以各种方式进行悼念活动，"四人帮"却竭力压制，继续"批邓、反击右倾翻案风"运动，激起了民愤。北京、南京、太原等地群众自发地发动了悼念周总理、反对"四人帮"的声势浩大的群众运动。

（多媒体展示周恩来逝世和"四五运动"有关的历史图片，播放《百年中国》之《四五运动》视频片段）

师："四五运动"是一场什么运动？"四五运动"的性质和意义是什么？

师讲述："四五"运动是全国人民抗议"四人帮"反革命活动的集中表现，而实际上表明人民对"文化大革命"极"左"错误的反对，对以邓小平为代表的党的正确领导的拥护。

（三）篡权与覆灭

1. 林彪反革命集团的形成

林彪作为我军历史上一位著名的高级将领，对中国革命有过一定的贡献，但他是一个权力欲极强的人，"文革"开始后大动乱的局势，使他的夺权野心极度地膨胀了。在"文革"中，他利用其党中央副主席和军委副主席的职务和毛泽东对他的信任，同陈伯达、黄永胜、吴法宪、叶群、李作鹏、邱会作等结成反革命集团。他们打着拥护毛泽东的旗号，煽动"怀疑一切、打倒一切"，残酷迫害干部和群众，安插亲信，培植死党，妄图篡夺党和国家的最高权力。1969年4月，中国共产党召开九大，林彪被选为毛泽东的合法继承人，林彪集团的势力达到极盛时期。

2. "九·一三"事件和林彪反革命集团的覆灭

九届二中全会上，林彪想当国家主席的阴谋被毛泽东戳穿。随后，林彪集团就策划武装政变，但又被毛泽东、周恩来所粉碎。1971年9月13日，林彪及其妻儿叛党叛国，乘飞机慌忙外逃，在飞越蒙古人民共和国时，机毁人亡于温都尔汗。这就是震惊中外的"九·一三"事件。这一事件的发生，标志着林彪反革命集团的覆灭，客观上宣告了"文化大革命"理论和实践的破产。

（多媒体展示《林彪叛逃时飞机坠毁后的残骸》等照片。）

3. 江青反革命集团的形成

（出示《四人帮》图片）

王洪文、张春桥、江青、姚文元等人是靠极"左"思潮和"文革"起家的，他们从批判《海瑞罢官》开始到控制中央文革小组、策动红卫兵运动、再到支持造反派夺权，挑起武斗、迫害老干部，种种罪恶活动贯穿于"文革"的全过程。中共十大后，他们结成了以江青为首的"四人帮"，阴谋篡党夺权。

"文革"严重破坏了社会生产的正常进行，国民经济受到严重影响。"九·一三"事件后，周恩来主持中央日常工作，他主张批判极"左"思潮，恢复整顿国民经济，解放干部，使各方面的工作出现了转机。1973年国民经济计划主要指标都超额完成，是"文革"以来最好的一年。当经济形势好转时，江青集团提出开展所谓"批林批孔"运动，把矛头指向周恩来，国民经济发展重遭严重干扰。1975年周恩来

中 篇 实施历史新课程的经典案例

病重，毛泽东让邓小平出来主持中央日常工作。邓小平上任后，进行全面整顿，系统纠正"文化大革命"的错误，使动乱的局势又安定下来，国民经济由停滞、倒退转为回升。1975年11月，"四人帮"又发动了"批邓、反击右倾翻案风"运动。

4. 粉碎"四人帮"和"文化大革命"的结束

1976年9月9日，毛泽东逝世，"四人帮"加紧篡党夺权的活动。10月，华国锋、叶剑英等代表中央政治局采取果断措施，一举粉碎了江青反革命集团。粉碎"四人帮"的胜利，标志着十年"文化大革命"动乱局面的结束，中国历史进入一个新的时期。

（出示《四人帮被揪出》、《毛泽东逝世》、《人民载歌载舞》等图片。）

（展示材料）

尽管"四人帮"在"文革"中犯下滔天罪行，但1981年1月最高人民法院特别法庭，仍以法律为准绳，事实为依据，进行公开审判，按其罪行分别将其判处死刑缓期执行和有期徒刑。他们在服刑期间，都得到人道主义待遇。张春桥的死刑缓行被减刑，得病后保外就医，享年88岁而撒手人寰。而姚文元被判20年有期徒刑，1996年刑满释放，被剥夺五年政治权利后，恢复了公民权利，患病后获得较好照顾和治疗。姚文元患糖尿病亡于2005年12月23日，享年74岁。张姚两人都活到古稀之年，弥留之际都有亲人在旁抚慰，病亡后又都在全国媒体发布新闻。

师：36年前的刘少奇之死，与36年后的姚文元之死，一为国家主席，一为"文革"主犯，一含奇冤惨不忍睹而逝，一获自由正常患病而亡，你有什么感想？

生：以法治国，社会进步，政治清明，大罪犯也可安享人道；而以人治国，阶级斗争为纲，社会倒退，政治混乱，大功臣惨遭迫害，死难瞑目。

尾声：痛定思痛，让我们以史为鉴、面向未来。

（多媒体出示材料）

1981 年 6 月，中共十一届六中全会通过的《关于建国以来党的若干历史问题的决议》指出："1966 年 5 月至 1976 年 10 月的'文化大革命'，使党、国家和人民遭到建国以来最严重的挫折和损失。""'文化大革命'的历史，证明毛泽东同志发动'文化大革命'的主要论点既不符合马克思列宁主义，也不符合中国实际。""实践证明，'文化大革命'不是也不可能是任何意义上的革命或社会进步。"它"是一场由领导者错误发动，被反革命集团利用，给党、国家和各族人民带来严重灾难的内乱"。

师：文革的后果是什么？

生：它给党和国家带来严重的灾难和损失，同时也拉大了我国与发达国家之间的差距。

师提问：文革的性质是什么？

生：是一场由领导者错误发动，被反革命集团利用，给党、国家和各族人民带来严重灾难的内乱。

师：我们应该从文化大革命当中吸取什么经验教训，让悲剧不再重演？

生 1：必须坚持党的民主集中制；

生 2：必须进一步健全社会主义法制；

生 3：要以经济建设为中心发展生产力；

生 4：青年学生要防止个人崇拜，明辨是非，不盲动。

（以轻音乐为朗诵背景音乐，多媒体展示以下文字，教师朗诵）

"文革"是场灾难，走过沧桑，文革中的一代人绝不会忘记这段噩梦，更希望我们的子孙能从一个个离奇荒唐而又毛骨悚然的故事里和屈死的冤魂们一声声的呐喊中，寻找到悲剧的成因和防止悲剧重演的有效途径，因为只有痛定思痛，才能真切地体会创伤的悲怆和它所蕴含的

中篇 实施历史新课程的经典案例

价值。

文革不应该这样的被忘却，我们今天纪念那段灾难的过去，不是为了重温它的苦痛，而是对自己的良知负责，对历史负责。我们今天直面这段无法回避的岁月，正是相信中华民族的未来。

多媒体展示"以史为鉴，让我们在历史中成长。"结束本课。

附件一

自编历史剧——二月抗争

（1）说明：

六名学生表演，其中一人旁白，另五人分别扮演谭震林、谢富治、张春桥、陈毅、叶剑英。

（2）剧情：

1967 年 2 月 11 日和 16 日，周恩来在中南海怀仁堂主持召开了怀仁堂会议。开会之前，与会人员陆续进入会场。在怀仁堂门口，谭震林和张春桥从不同方向走向怀仁堂的台阶。

谭震林厉声问身旁的张春桥说："陈丕显为什么没来？"

张春桥板着面孔阴阳怪气地说："他来不了啦！"

谭震林很吃惊，"咦，毛主席批准的，而且还专门派了专机去接，怎么来不了了呢？"

张春桥有恃无恐地说："群众不答应呀！"

谭震林一下气炸了："什么群众！老是群众群众，还有党的领导呢！"

张春桥说："党不管用了。在上海，科长以上干部统统靠边站了。"

谭震林十分生气地说"你们的目的，就是要整掉老干部，你们把老干部一个个打倒。四十年的老革命，落得家破人亡，妻离子散。""这一次，是党的历史上斗争最残酷的一次，超过历史上任何一次！"

"江青要把我整成反革命，好些话是当着我的面说的！"

谢富治插话说："江青和中央文化革命小组的同志多次保谭震林同志，从来没有说过什么'反革命'。"

谭震林说："我就是不要她保！我是为党工作，不是为她一个人工作！"说完，谭震林穿上衣服，拿起文件夹起身便走，一边走一边说："让你们这些人干！我不干了！砍脑袋，坐监牢，开除党籍，也要斗争到底！"

陈毅说："老谭，不要走，就在这里跟他们斗！""这些家伙上台，就是要搞修正主义。现在有人拥护毛泽东思想最起劲！历史不是证明了到底谁是反对毛主席，谁是拥护毛主席的吗？"

谢富治又一次插话说："文革小组经常讲震林同志好话。"

谭震林说："我从井冈山到现在，你们检查一下，哪里有一点反毛主席？"

谢富治说："不要从个人出发，要从全局出发。"

谭震林立即回击道："我不是为自己！是为了整体的老干部，是为整个党！"

叶剑英同志说："老干部是党和国家的宝贵财富，哪有随便打倒的道理？你们把党搞乱了，把政府搞乱了，把工厂、农村搞乱了，你们还嫌不够，还一定要把军队搞乱，这样搞，你们想干什么？"

怀仁堂会议的当晚，张春桥、姚文元、王力三人连夜整理出了《2月16日怀仁堂会议记录》，与江青密谋后，向毛泽东作了汇报。2月18日，毛主席召开了中央政治局会议，批评这些老同志是搞复辟，搞翻案，并责令他们作检讨。于是在这场事关党和国家命运的斗争中，张春桥一伙邪恶势力再次占了上风。他们诬蔑这一事件为"二月逆流"，1979年初，中共中央正式宣布为"二月逆流"平反。

中篇 实施历史新课程的经典案例

七、板书设计

原因 → 根本原因是："左倾"错误发展到以阶级斗争为纲导致的恶果

开始标志 → 中央政治局扩大会议："五·一六通知"；八届十一中全会：《中共中央关于无产阶级文化大革命的决定》

高潮阶段 → "一月革命"和"二月逆流"

稳定阶段 → "九一三"事件（1971）

发展阶段 → "批林批孔"运动；"批邓、反击右倾翻案风"运动；"四五运动"

结束 → 1976.10，粉碎"四人帮"

评价

教训

文化大革命

八、教学反思

经过近几年的历史课堂教学实践和反思，我体验到一节好的历史课，不在于教师个人的滔滔不绝的讲述，眉飞色舞的表演，而在于学生是否参与了课堂教学，是否和老师一起走进特定的历史情景，同喜、同悲、同忧。要达到如此境界就需要教师在备课中深研教材，在课堂教学中尽可能地采用多种教学方式。课前让学生根据兴趣分成 6 个小组，第一小组搜集文革的有关文字资料；第二小组搜集文革的相关视频；第三小组搜集文革的相关歌曲；第四小组搜集文革的有关图片，第五小组搜集文革的有关实物、或采访文革经历者，要求提供采访的录音或录像资料。第六小组制成 Powerpoint 课件；课前学生的自主学习为上课打下了良好的基础。

　　教学中我将教材作了处理，打乱其原有的顺序，以"文革"中如何破坏民主和法制为主线，以党和人民群众如何抗争为灵魂，通过多媒体展示图片、视频加深学生对文革的认识；让学生表演历史剧《二月抗争》，讨论文革的经验教训，使学生主动参与教学，这些做法促进了学生主动学习和参与研究的积极性，形成了融融的学习氛围，达到了很好的教学效果。但在讨论文革的经验教训时，随着学生发散思维的增加，对文革的一些个人看法，自己有"拢不住"之感，需要向某个方向正确引导。课前的分组搜集文革资料很费时间，对于不参加中考的历史学科来说，部分学生没有积极性。

九、点评

　　历史新课程标准要求历史教师"设计灵活多样的教学方式，激发学生学习历史的兴趣，转变学生被动接受、死记硬背的学习方式，拓展学生学习和探究历史问题的空间"，本节课在设计时以"文革"中民主和法制遭到严重破坏为主线，以抗争为灵魂，对教材内容进行大胆组合。为激发学生兴趣和更好的理解文革的灾难，将影视资料引入课堂；课中让学生表演历史剧《二月抗争》，将"36年前的刘少奇之死，与36年后的姚文元之死"进行对比，让学生谈感想；结尾引导学生讨论文革的经验教训，老师点拨升华对文革的认识等等设计都充分体现了教师为主导学生为主体的新教育理念，也体现了新课标重视思想教育和能力培养的理念。如果在课堂实施中注意控制各个教学环节的时间，适当压缩前面的讲解，给后面开放性问题的探讨留出更加充裕的时间，将会取得更好的效果。

中篇　实施历史新课程的经典案例

4. 将演讲引入历史课堂，利用细节进行历史教学

一、课题

北京版 历史第四册 第十四课 美苏"冷战"对峙局面的形成

二、教学指导思想与理论依据

1. 指导思想

《初中历史新课程标准》对本课的要求是：简述杜鲁门主义等史实，了解美苏"冷战"对峙局面的形成，初步认识霸权主义对人类进步和安全的威胁。

2. 理论依据

新课标下历史学科以它固有的特点，成为对学生进行德育渗透的主阵地。在历史教学中，我们要善于挖掘教材的思想因素，加强对学生的德育教育，使学生在学习掌握历史知识的同时，学会思考、学会求知、学会做人；从而提高学生的思想认识、道德修养；树立正确历史价值观，加强学生的人文素养。为此我选择了一些具体的、感人至深的柏林危机时期的小故事，体会柏林人的智慧和勇气以及为争取自由的抗争精神。使学生树立反对霸权主义、强权政治的意识，从而达到教育的目的。

三、教学背景分析

1. 教学内容分析

二战后期随着反法西斯战争的胜利，美苏两个大国之间全球战略的

分歧逐渐扩大，战时同盟发生分裂。

美国凭借它在战时膨胀起来的经济军事实力，成为资本主义世界的霸主，组成了资本主义阵营。苏联同新生的欧亚人民民主国家一起组成了社会主义阵营。美国要称霸全世界，遇到了苏联这个最大的障碍。美苏由联盟转为敌对。

世界主要矛盾由二战中的法西斯国家同反法西斯联盟的生死较量变为两大阵营的全球对抗。欧洲是美国对外扩张的全球战略的重点，苏联是主要对手，"冷战"是美国采取的主要方式和政策。1946年丘吉尔在美国发表"铁幕"演说，揭开了"冷战"的序幕。1947年美国抛出称霸世界的全球战略方针——杜鲁门主义，公开打出反苏反共的旗帜，"冷战"全面展开。

接着美国又实施了控制西欧、遏制苏联的马歇尔计划，1949年建立了以美国为盟主的西方防御体系"北约"组织。针锋相对，苏联和东欧社会主义国家于1955年建立了"华约"组织。在欧洲形成了两大对立的军事集团。世界两极格局正式形成，直到1991年苏联解体，美苏争霸、两大阵营的对峙构成了二战后40多年世界政治格局基本特征。

本课是第六单元《由两极格局到多极化趋势》的第一课，学好本课，对认识战后世界政治格局的基本特征具有重要的意义。

2. 学生情况分析

初二学生年纪偏小，认知水平有限，历史思维能力有待提高，对世界历史知之甚少，对"冷战"这一历史概念更是难以理解，这给本课教学带来了一定的困难。但初二学生思维活跃，参与性好，有助于教师运用多种教学方法展开教学。在教学中利用图片、文字、地图、多媒体课件等资源使抽象的东西形象化，以学生讨论、演讲、讲故事等多种形式激发学生学习兴趣，加深对本课的理解。

3. 教学方法

以讲述法和讨论法为主的综合式教学法。

4．教学准备

（1）教师准备：搜集文字、图片、音频资料，制作 Powerpoint 课件。

（2）学生准备：搜集有关柏林危机时期的小故事，课上讲述；思考冷战的启示和反思，课上交流。

四、教学目标设计

1．知识与能力

（1）学生了解杜鲁门主义、马歇尔计划、北约和华约的建立、柏林危机和德国的分裂等基本史实。

（2）通过讲述柏林危机时期的小故事，提高学生口头表达能力。通过阅读史料，回答问题，进一步增强学生运用史料探究历史的能力。

（3）学生在了解"冷战"基本史实的基础上，通过"冷战的启示和反思"开放式问题的思考和讨论，提高学生根据史实分析问题，提出自己观点的能力。

2．过程与方法

（1）学习"冷战"对峙局面形成时，教师提供文字、地图、图片等材料，引导学生分析冷战政策出台的背景，归纳冷战的具体表现，探究冷战政策带来的影响，使学生加深对冷战对峙局面的理解，初步掌握利用材料探究历史的基本方法。

（2）学习柏林危机和德国分裂时，教师提供文字和图片资料，使学生获取有效信息，感受"冷战"下德国人民的生存状态。讲述柏林危机时期的小故事，提高学生口头表达能力，进行情感教育。

（3）引导学生讨论"冷战"的启示，使学生初步认识"冷战"造成了国际局势的动荡不安，给世界和平带来了严重影响，认识到霸权主义对人类进步和安全的威胁。

3．情感态度与价值观

通过本课学习，使学生认识"冷战"是美苏意识形态和国家利益冲突的产物，真切感受到美苏争霸世界的斗争，造成了国际局势的动荡不安，给世界和平带来了严重影响，认识到霸权主义对人类进步和安全的威胁，使学生树立反对霸权主义、强权政治的意识。通过讲述柏林危机时期的小故事，体会柏林人的智慧和勇气以及为争取自由的抗争精神。

五、教学重点和难点

1. 重点：美国的"冷战"政策及其表现。
2. 难点："冷战"的含义及启示。

六、教学过程与教学资源设计

导入新课：

（出示图片：《德孪生姐妹失散 26 年重聚》、《2004 年 4 月 3 日，朝鲜金刚山，韩国探亲者洒泪告别朝鲜亲人》、《在朝鲜的儿子与在韩国的母亲依依惜别》、《德国的长期分裂地图》、《朝鲜的长期分裂地图》、《柏林墙使欧洲一分为二》）

提问：是什么导致骨肉分离？是什么导致国家的分裂？引入课题。

（一）东西方冷战

1. "冷战"的根源

二战中，美、苏联合打击德、意、日法西斯，在打击法西斯的同时，美国、苏联的实力得到了加强，纷纷确立了自己的势力范围。但是正如英国人的外交名言：我们没有永恒的朋友，也没有永恒的敌人，只有永恒的利益。杜鲁门政府上台后，改变以往罗斯福的大国合作政策，认为强大的苏联是美国建立世界霸权的主要障碍，强调要对苏联采取强硬政策。二战结束后，由于意识形态的不同和美国称霸受到苏联的遏制，美苏从战时同盟关系变成了战后敌对关系。

（出示一组材料）

材料一：二战后，法西斯德国被彻底打垮，沦为战败国，国土为盟军占领，殖民地被剥夺殆尽，国外市场和海外投资也全部丧失。

材料二：英国在战争中损失兵力120万，消耗资金250万英镑，外贸濒于停顿，黄金储备几乎枯竭，海外投资也大部分变卖。战争结束时，国债高达237亿英镑。

材料三：法国在战争中损失一亿四千多万法郎，相当于战前3年的全部生产总值。

材料四：1945年，美国军队人数达到1200多万，拥有30艘航空母舰和1000多艘其他战舰。战后初期，美国在全世界50多个国家建立了近500个军事基地。此外，美国拥有世界黄金总量的3/4。

提问：这四则材料说明了什么问题？

（多媒体展示战后美国的实力）

丘吉尔曾说："我的一边坐着把一条腿搭在另一条腿上的巨大的俄国熊，另一边是巨大的北美野牛，中间坐着的是一头可怜的英国小毛驴。"二战后，美国确立了霸权地位，欲凭借强大的经济实力称霸世界，而社会主义制度将是它控制全球的最大障碍，社会主义国家特别是强大的苏联是它的主要敌人。

（多媒体展示战后苏联的实力）

战后苏联成了公认的世界一流的军事强国，有1200万人的武装力量。拥有世界上最强大的陆军，军事实力仅次于美国；1949年9月25日，苏联正式宣布第一颗原子弹制造成功。进一步增强了国际威望和对世界事务的影响。二战后期苏联解放了东欧各国，扩展了60万平方千米疆土，年产作战飞机40000架。

苏联成为唯一能够与美国相抗衡的政治军事大国，不同的社会制度（美国是资本主义强国，苏联是社会主义强国，双方都因不同的制度对对方有敌意）；不同的国家利益（二战后两国的力量都空前壮大，各自成为资本主义国家和社会主义国家的领袖，两国的势力范围大幅扩张，双方都认为对方是直接的最大威胁）成为双方"冷战"的根源。

2. "冷战"的序幕

最先发出冷战信号的是英国首相丘吉尔。他在1946年访问美国时在富尔敦发表的演讲中，以"铁幕"一词公开把矛头指向苏联，声称苏联威胁了欧洲的安全、和平，鼓吹美英联盟对抗苏联，揭开了战后冷战的序幕。

学生活动：角色扮演丘吉尔进行"铁幕"演说。

"从波罗的海边的什切青到亚得里亚海边的的里雅斯特，已经拉下了横贯欧洲大陆的铁幕。这张铁幕后面坐落着所有中欧、东欧古老国家的首都——华沙、柏林、布拉格、维也纳、布达佩斯、贝尔格莱德、布加勒斯特和索菲亚。这些著名的都市和周围的人口全都位于苏联势力范围之内，全都以这种或那种方式，不仅落入苏联影响之下，而且越来越强烈地为莫斯科所控制。"

——丘吉尔

（多媒体展示苏联解体前的《欧洲政区图》，在图上指出丘吉尔所说的"铁幕"的位置，勾画出欧洲社会主义国家的范围。）

丘吉尔的铁幕演说是第二次世界大战之后西方政界一位最有身份的人对苏联进行的最公开、最大胆的指责。这也是以美国为首的西方世界对以苏联为首的社会主义阵营开始"冷战"所发出的最初信号。丘吉尔的铁幕演说揭开了长达40多年冷战的序幕。

3. 美国"冷战"政策的表现

（师讲解杜鲁门主义的诱发点———希腊和土耳其问题）

希腊原是英国的势力范围，到1947年春，希腊人民革命力量越战越强，希腊反动政府的统治岌岌可危，英国却无力收拾局面。1947年2月，英国照会美国国务院，声称将从希腊撤军，无力再给希腊和土耳其军事和经济援助，为使这两国不落入苏联手中，希望美国能挑起这副担子。

对于英国出让势力范围的举措，美国欣然接受。杜鲁门认为，"如果希腊陷落了，土耳其将成为共产主义大海中的一个无法防守的前哨，同样，如果将土耳其送给了苏联人，希腊的处境将十分危险。"杜鲁门抓住这一使美国插足巴尔干半岛和东地中海，把美国的势力范围推进到苏联和东南欧人民民主国家边界的机会，1947年3月12日，他向国会发表咨文讲话，这篇咨文被称为"杜鲁门主义"。

（学生活动：角色扮演杜鲁门国会演说）

美国的政策必须是支持自由国家的人民抵抗少数武装分子，或外来压力的征服企图。我认为我们必须援助自由人民以自己的方式来规划自己的命运。全世界自由的人民指望着我们支持他们、维护他们的自由。如果我们领导不力，我们就可能危及世界和平——而肯定会危及我们自己国家的利益。

——杜鲁门

提问：杜鲁门国会咨文中所说的"自由国家人民"、"少数武装分子"、"外来压力"分别是指什么？

生："自由国家人民"是指资本主义国家的资产阶级。"少数武装分子"是指这些国家国内的进步力量。"外来压力"是指苏联。

（学生活动：角色扮演杜鲁门国会演说）

我相信，这是美国外交政策的转折点，它现在宣布，不论什么地方，不论直接或间接侵略威胁了和平，都与美国的安全有关。

——杜鲁门

提问：杜鲁门的演说说明了什么？

学生讨论（略）

杜鲁门的演说实质是美国在全球扩张势力的宣言书，被称为杜鲁门主义，"杜鲁门主义"实际上宣布：苏联是美国的敌人，美国的对外政策是"遏制"苏联及共产主义。它的出台，是美国对外政策的转折点，因此，"杜鲁门主义"的提出成为美苏战时同盟公开破裂、美苏冷战全面展开的重要标志。

"杜鲁门主义"出台后，美国在经济方面推行援助西欧的"马歇尔计划"，也叫欧洲经济复兴计划，战后的西欧各国的经济都处于崩溃的边缘，当时无论是德国，还是法国、英国，其国民经济都遭到灾难性的破坏，都在绝望和困境中苦苦挣扎。温斯顿·丘吉尔曾对当时的境况作了生动的描写："在欧洲广大的地区内，大批痛苦、饥饿、忧心忡忡和心神不定的人们，正凝视着他们城市和家庭的废墟，并在黑暗的地平线上搜索着任何新的临头大难、专制政治或者再一次恐怖的征兆。"面对着这种局势，美国当权者最担心的是那里的人民在绝望中起来革命，出现一种他们无法控制的局面。

（学生活动：角色扮演马歇尔在哈佛大学的演说）

美国应尽力协助世界恢复至经济健全的常态，没有它，也就没有政治的安定，没有牢固的和平。我们的政策不是反对任何国家、任何主义，而是反对饥饿、贫穷、悲惨、混乱。……美国政府的未来援助，应该不仅是缓和物，而是彻底的治疗。我们相信任何政府诚意协助复兴工作的，必会得到美国政府的全部合作。任何政府勾心斗角阻挠他国复兴工作的，必不能享用我们的援助。

——马歇尔 1947 年 6 月在哈佛大学的演说

（出示马歇尔计划宣传画）

提问：马歇尔计划的真正目的是什么？

学生讨论：马歇尔计划的真正目的是为了扶持和控制西欧国家，把西欧纳入美国对苏联"冷战"的战略轨道。

"马歇尔计划"的最初对象是欧洲国家，后来为苏联、东欧各国所拒绝和抵制。"马歇尔计划"的实施，一方面是帮助当时极为困难的西欧各国迅速恢复经济，防止革命的爆发；另一方面，美国通过援助西欧各国，不仅加强了资本主义世界的联系，形成资本主义世界的经济联盟，而且打开西欧的门户，控制西欧。"马歇尔计划"的实施，有利于美国在资本主义世界霸权地位的确立。

杜鲁门曾经说过：杜鲁门主义和马歇尔计划是一个胡桃的两半。说说杜鲁门主义和马歇尔计划之间有何关系？

生：杜鲁门主义的核心内容：遏制苏联，反对社会主义制度；马歇尔计划的实质是用经济援助手段稳定西欧的资本主义制度，从而加强美国对抗苏联的力量；马歇尔计划是杜鲁门主义在经济上的运用，其本质还是遏制苏联。

美国"冷战"政策在军事上的表现是——建立北大西洋公约组织。

1949 年 4 月，在美国的一手操纵下，美国、加拿大和英、法等西欧国家共 12 国签订了《北大西洋公约》。

（多媒体展示地图《北约与华约的对峙》）

观察上述图片，结合教材探究下列问题：

（1）在图上找出最先加入北约的国家。

（2）阅读北约的有关规定，说说北约组织的最突出特点是什么？

生：集体防御，美国和加拿大联合西欧一些国家共同与苏联抗衡。

（3）在图上找出最先加入华约的国家。

（4）阅读华沙条约相关规定，你认为华约组织成立的主要目的是什么？

生：苏联联合东欧国家成立华约，既用来同美国和西欧抗衡，也可以此进一步控制东欧。

（5）说出北约和华约组织成员主要集中在什么地区，针对的是什么地区或国家？

生：北约主要集中在西欧和南欧，针对东欧社会主义国家；华约主要集中在东欧和苏联，针对西欧资本主义国家，是同北约抗衡的欧洲军事集团。

（6）北约和华约两大集团的出现，对当时局势产生怎样的影响？

生：随着社会主义阵营的形成，以美苏为首的两极格局最终形成。

（多媒体展示《两极格局的形成》）

师讲述：美苏两极格局形成后，国际舞台上出现了两大阵营的对峙与斗争，这种对峙与斗争持续了将近半个世纪，双方矛盾日益尖锐。20世纪 50 年代的朝鲜战争和 60 年代的越南战争都是两大阵营的对峙和较量。

4. "冷战"的含义

教师提问：什么是"冷战"呢？"冷战"政策的本质是什么呢？（老师引导学生从"冷战"的对手、方式、范围、影响等方面去概括"冷战"的含义）

生1："冷战"政策指的是美国带领西方资本主义国家，对苏联等社会主义国家采取了除武装进攻之外一切手段的敌对行为，以"遏制"共产主义。

生2："冷战"政策的本质是"遏制"共产主义和干涉别国内政。

"冷战"给人们带来的是什么呢？让我们一起来到对抗的最前沿看看吧。

（二）"冷战"下的德国

在美苏冷战对峙的岁月里，欧洲是双方争夺的中心。对于美国来说，欧洲是美国对外扩张的全球战略的重点，苏联是主要对手，而德国是美苏直接接壤的地方（出示四国分区占领德国及柏林地图）。

柏林危机共有三次。第一次发生于1948年，又称"柏林封锁"，其导火线为1948年6月24日苏联阻塞铁路和到柏林西部的通道，至1949年5月11日苏联宣布解除封锁。第二次发生于1958年，苏联发出最后通牒，要求英美法6个月内撤出西柏林驻军，后来以苏联让步完结。第三次发生于1961年，苏联重新提出西柏林撤军要求，事件以苏联在东柏林筑起柏林墙作结，美苏关系以苏联冻结柏林问题而得以缓和。

师：请一个同学结合教材的小字介绍一下第一次柏林危机和德国分裂的史实。

生：1948年6月24日，苏联全面切断西占区与柏林的水陆交通及货运，只保留从西德往柏林三条"空中走廊"通道，史称第一次柏林危机，形成第一次美苏冷战高潮。美国实行空运，派出大批飞机向柏林250万居民大规模空运粮食及各种日用品，在一年间飞行次数27万多

中篇　实施历史新课程的经典案例

次，空运货物 211 万吨，苏联于封锁中蒙受道义损失，它深知此时封锁不能阻止建立西德国家的进程，于 5 月 12 日宣布撤销封锁，延续 462 日的柏林危机结束。1948 年 9 月西德建立，定都波恩，以阿登纳总理组成了第一届联邦政府。1949 年 10 月，东德建立，定都东柏林，皮克为总统，德国彻底分裂为东西德。1961 年 8 月 13 日，苏联及东德封锁东西柏林之间的边界，从 15 日起沿东西柏林分界线在东柏林境内筑起柏林墙，西柏林人进入东柏林都需经过边境站的检查。

（出示几张图片，体会柏林危机时柏林人的生活。）

对德国人来说，柏林墙所代表的不是东西方冷战这样的大字眼，柏林墙真正的意义，是数以万计小人物的故事，这些小人物将自己的生命与这堵墙联系了起来，造就了人类历史上的一个传说，传说的名字，就叫做"自由"。

（学生活动：讲述收集的柏林墙修筑后发生在柏林的小故事。）

学生甲：

孪生兄弟被分开的故事

当柏林墙建起时，一对不满 10 岁的孪生兄弟被强行分开了，哥哥住在西柏林，而弟弟却在东柏林和父母住在一起。几年后，父母双双因政治问题而入狱，从此失去了音信。没人照顾的弟弟开始被国家辗转于各个孤儿院寄养，他得不到来自西柏林哥哥那里的任何音信，逐渐已忘记了自己曾经有过一个与自己长得一模一样的哥哥。他后来参加了工作，成了一个普通的东德人。在西柏林的哥哥一直无法忘怀曾与自己一同度过童年的孪生弟弟。他说："我每天都会看着镜子里的自己，在心里说，这就是彼得（弟弟的名字），他已经长这么大了。"他读了法律专业，获得博士学位。直到 30 多岁时才结了婚。柏林墙拆毁后，哥哥在东柏林的报纸登出了寻找弟弟的寻人启事。很快一个声音陌生的人打来电话，他们约好在柏林父母曾住过的街道相见。见面那天天气很冷。"一个男人向我跑过来，"哥哥后来回忆说，"我一眼认出他就是彼得，天呐，他和每天在镜子里看到的人是一个模样。"

学生乙：

"爸爸，你好"的故事

普利策新闻照片奖 1961 年的获奖照片叫"爸爸，你好"。描写在柏林墙始建的前一天，一位女子带着女儿去西柏林的父母家，但她们却不能回到东柏林了，因为当天夜里，东德和苏联军队封锁了边境。于是，每天下午，这位女子带女儿来到柏林墙边，女儿对着墙那边下班的父亲喊着"爸爸，你好"。（后来该女子将女儿留在西柏林父母那里，只身回到东柏林与丈夫团聚）

学生丙：

布鲁希克的故事

柏林墙刚完成的那年，由于墙还不是很坚固，有人就想出了办法，开重型车辆直接撞墙，直接冲开柏林墙进入西德。1961 年，这类事件多达 14 起。逃亡者要面对的绝不仅仅是坚固的高墙，还有来自东德军队和警察的密集射击。这其中，布鲁希克的故事最为惨烈。布鲁希克和他的同伙也是用大客车冲击柏林墙，倒霉的是行动从一开始就被发现了。军队和警察从多方向客车密集射击，客车起火燃烧，弹痕累累。还好，客车质量过硬，不仅没熄火，还能加速，随着一声巨响，柏林墙被撞开了一个大缺口，整个客车冲进了西柏林。可当西边欢呼的人群拥上去迎接时，却被眼前的景象震惊了，驾驶座上的布鲁希克身中 19 弹，他是用生命的最后意志加速，冲破柏林墙的。当客车冲进西柏林的那一刻，布鲁希克停止了呼吸。

柏林墙从建立到倒塌的 28 年里，多少东德人翻越柏林墙，德国人需要多少智慧和勇气，付出多少巨大和沉重的代价？我们不得而知。但他们毕竟成功了，柏林墙被推倒了。他们终于可以用举手的方式来决定自己的命运。有形的墙拆除了，无形的墙横亘在人们心中。

中篇　实施历史新课程的经典案例

（三）冷战的启示和反思

学生讨论："冷战"给我们带来哪些启示？（教师出事图表《美苏的激烈军备竞赛》，引导学生从形成的过程和影响等方面去思考。预想答案）

生1：冷战是意识形态的分化所导致的，两大阵营的领导人为了证明自己国家的意识是合理的，就敌视不同意识形态的国家。加深了社会主义国家和资本主义国家的对立。

生2：冷战双方为了在科技上压倒对方，大力发展高新科技，加速了第三次科技革命的进程。

生3：美苏势均力敌，避免了新的世界大战爆发。

生4：美苏为谋求霸权展开长期的军备竞赛和地区争夺，给世界和平带来了严重影响，导致世界局势长期紧张、动荡；使人类面临着战争危险，局部冲突不断，国际危机频繁。

生5：造成了一些国家的分裂和许多世界领土纠纷，如德国、朝鲜半岛、中国的台湾等。……

1991年苏联解体后，冷战结束，但美国的冷战思维、霸权主义是不是就此终结了呢？（学生讨论）

冷战结束后，西方大国特别是美国妄图建立单极世界，继续推行霸权主义和强权政治，总把自己的观点强加别国，不尊重其他国家和民族，导致了恐怖主义的泛滥，最为典型的事件是"9·11事件"。美国继续坚持冷战思维，通过不断扩大、强化和调整其军事同盟，加强其对世界重要战略地区的控制；以美国为首的西方国家宣扬"人权高于主权"论，打着维护人权和人道主义干预的旗号，肆意干涉主权国家的内政，例如，美国多次发表了《中国人权状况白皮书》对中国内政进行粗暴干涉。"冷战"留给人们太多的思考……

小结

（出示一系列图片，重温冷战的历史）

反对霸权主义和强权政治、维护世界和平是中国外交政策的基本方针，是中国人民和世界人民的根本利益所在，也是发展各国友好合作和促进共同经济繁荣的前提。只有世界各国人民和各种和平力量加强联合斗争，反对各种形式的霸权主义和强权政治，世界长久和平才可以真正实现。

七、板书设计

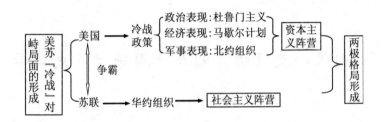

八、教学反思

历史课如何激发学生学习的兴趣很重要，讲历史故事是一个很好的方法。但故事由谁讲，效果大相径庭。传统的历史教学多是教师讲故事，学生被动地听，但本节课我让学生自己到网上查找故事，上课由学生讲述，效果就比由老师讲述好得多。

新课程改革强调培养学生的能力，学生能力如何培养，需要教师巧妙设计。本节课我设计了学生角色扮演丘吉尔、杜鲁门、马歇尔的演讲，培养了学生的演讲能力，让学生讨论"冷战的启示和反思"，培养了学生的发散思维能力，通过读《北约和华约对峙图》回答一系列问题，培养了学生的读图识图能力，这些教学活动也很好的激发了学生主动参与历史教学，达到了较好的效果。

九、点评

新课程指导下的历史教学需要创新，本节课的突出特点首先是让

新课程历史怎么教

学生角色扮演丘吉尔、杜鲁门、马歇尔的演讲；其次是收集讲述柏林危机时德国人民反抗霸权，争取自由的小故事，这些设计发挥了学生的学习主动性，为学生能力的培养搭建了很好的平台，同时以小人物的故事来展现美苏冷战的危害，为后面冷战的启示和反思的讨论提供感性资料。结尾老师的提升"只有世界各国人民和各种和平力量加强联合斗争，反对各种形式的霸权主义和强权政治，世界长久和平才可以真正实现"，使本节课很有深度。

5. 创设历史情境，利用问题进行历史教学

一、课题

北京版 历史第一册 第十四课 江南的开发

二、教学指导思想与理论依据

1. 指导思想

《初中历史新课程标准》对本课的要求是：说出人口南迁和民族交往促进了江南开发的史实。

2. 理论依据

根据教育学理论，在教学过程中教师是主导，学生是主体。师与生、教与学构成课堂教学矛盾的辩证统一体。问题教学，正是解决这对矛盾，促使其达到辩证统一的良好手段。

本节课主要通过教师展示问题，引导学生探讨，充分调动学生主动、积极、自觉思维的内因，通过文字、图片、音乐等多媒体资料激发学生学习兴趣，丰富教学内容，提高教学效果。

三、教学背景分析

1. 教学内容分析

本课是北京版历史第一册第三单元政权分立和民族融合的第二课。魏晋南北朝时期，中国历史具有三个显著的特征：国家分裂、北方民族大融合、江南经济的开发。本课上承北方民族大融合的影响，下启两宋时南方经济的进一步发展和经济文化重心南移的相关知识，具有重要地位。主要讲述三国两晋南北朝时期，江南地区得到初步开发的原因、表现和影响，学好本课，对认识中国人口的迁移和经济的发展具有重要的意义。

2. 学生情况分析

通过课前访谈，了解到学生对人口迁移和经济发展的历史知道不多并且兴趣不浓，因此针对初一学生的年龄和心理特点，这节课利用多媒体创设丰富的历史情景，激发学生的历史兴趣；通过设计多个问题，引导学生思考；通过将学生按农民、工匠、商人分成三组角色扮演分组交流等教学方式，引导学生正确认识魏晋南北朝时期江南的开发对中国历史的影响。

3. 教学方法

采用问题教学法和启发式教学法，提供大量相关的图片文字资料，设计问题，讲、读、观察、讨论相结合，引导学生思考来突破本课重点和难点。

4. 教学准备

搜集文字、图片、音频等资料，制作 Powerpoint 课件。

四、教学目标设计

1. 知识与能力

（1）识记两晋、南北朝的朝代名称，说出北民南迁的原因和作用，列举江南开发的表现，探究东晋南朝时期江南经济发展的主要原因。

（2）通过本课的学习，了解自三国末年至南朝历史发展的大概脉络。

（3）通过对江南经济发展原因的分析，培养学生全面辨证分析历史事物的能力。

2．过程与方法

（1）通过问题讨论、识读图文，了解东晋南朝时期江南经济发展的历史条件及其表现，理解江南开发的意义。

（2）运用纲要信息法，引导学生理清三国两晋南北朝时期政权更替的顺序，把握这一时期的历史线索。

（3）通过分析"北方人口南迁示意图"，进一步掌握从图表中提取有效信息，解释历史现象的方法。

3．情感态度与价值观

（1）引导学生在探究江南地区的开发原因过程中，认识到和平、安定的社会环境是经济发展的重要前提。

（2）江南经济的发展，是南迁的北方劳动人民和江南人民共同辛勤开发的结果。它为唐宋时期全国经济重心的南移奠定了基础，在中国古代经济史上具有重要意义。进一步增强学生热爱劳动人民的思想感情。

（3）江南地区的开发，除了劳动力增加这一原因外，主要是因为先进生产技术的传入，由此进一步认识科学技术是生产发展的动力。

五、教学重点和难点

1．重点：江南经济开发的原因和主要表现。

2．难点：江南地区开发的原因。

六、教学过程与教学资源设计

导入:

(多媒体展示几张江南风景的图片,配以《梦江南》古筝背景音乐。)

(再展示白居易的诗《忆江南》):

江南好,风景旧曾谙。

日出江花红胜火,春来江水绿如蓝。

能不忆江南?

(通过观看图片让学生感受江南的发达和美,朗诵《忆江南》让学生融入其意境)

师:今天的江南地区,在我国经济发展中占重要地位。那么,汉朝时的江南的经济发展状况又是如何呢?(多媒体展示材料):

(江南):"楚越之地,地广人稀,饭稻羹鱼,或火耕而水耨,果蓏蠃蛤,不待贾而足,地势饶食,无饥馑之患,以故呰窳偷生,无积聚而多贫,是故江淮以南,无冻饿之人,亦无千金之家。"

——司马迁《史记·货殖列传》

师:阅读材料,根据司马迁的记载,你认为汉代江南的经济发展水平如何?

生1:司马迁描述的江南经济落后,人烟稀少,在汉朝时还没有得到开发,只是原始的农耕经济,商业也不发达。

生2:汉时的江南与当时经济发达的关中地区是不能相比的。

顺势提出问题:江南是什么时候开始开发的呢?怎样开发的呢?从而进入新课。

(一) 南北朝

(多媒体展示动态地图《三国鼎立图》、《西晋疆域》、《东晋十六国形势》、《东晋前秦形势》、《南北朝形势》等地图,了解三国以后我国历史演变的过程。)

教师讲述：

公元 263 年，魏国灭掉了蜀国。公元 265 年，司马炎篡夺了皇位，建立晋朝，定都洛阳，史称"西晋"。280 年，西晋灭吴，统一了全国。公元 316 年内迁匈奴人的一支武装灭亡了西晋。公元 317 年皇族司马睿重建晋朝，定都建康，史称东晋。420 年，东晋大将刘裕称帝，国号"宋"；公元 479 年，萧道成称帝，国号齐，宋朝灭亡；公元 502 年，萧衍称帝，国号梁，齐朝灭亡；公元 557 年，陈霸先称帝，国号陈，齐朝灭亡。宋齐梁陈四个朝代都定都建康，历史上称为南朝，与此同时，北方先后出现了五个朝代，统称北朝。（多媒体展示图表）

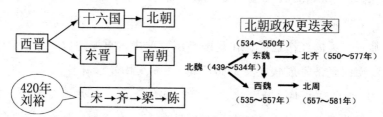

师：南北朝时期，江南的情况如何呢？（多媒体出示材料）

江南之为国盛矣……地广野丰，民勤本业，一岁或稔，则数郡忘饥。会土带海旁湖，良畴亦数十万顷。膏腴上地，亩值一金，鄠杜之间，不能比也。荆城跨南楚之富，扬部有全吴之沃，渔盐杞梓之利，充仞八方，丝绵布帛之饶，覆衣天下。

——齐、梁时人沈约：《宋书》卷五十四"史臣曰"

教师提问：这段材料说明什么？

生：《宋书》所描述的江南非常富饶，丰收年头，一年收获的粮食能满足几个郡人口的需要，出产的丝绵、帛、布可以供天下人穿用。

过渡：在三国两晋南北朝时期，政治上的特点是局势动荡，王朝更迭频繁，但也正是这一时期，江南的社会经济却得到迅速的开发与发展。这是为什么？

新课程历史怎么教

（二）江南地区的开发

1. 江南地区得到开发的原因

（展示图片）提问：你能从图中指出江南地区有什么优越的自然条件吗？这些条件怎样影响农业生产？

生：江南地区雨量充沛，气候温暖，土地肥沃，河道纵横，具有发展农业的优越条件。

师：（出示图片《北方人口南迁示意图》、《3 世纪时南北方人口变化》）西晋末年以来，南北方地区的人口出现了什么变化？南迁人口主要分布在什么地方？

生1：南方人口大量增加，北方人口减少。南迁的人口近 100 万，约占南方人口的 1/6。

生2：南迁的人口主要集中在长江中游的益州、荆州和长江下游的扬州地区，其次是闽江流域和岭南地区。

师：是什么原因促使北方人携家带口，一路艰辛，风餐露宿，义无反顾地要远离故土呢？

生：从东汉末年以来中原地区长期陷入战乱，南方则有相对的和平环境和大量未开垦的沃野，成为北方流民向往的"乐土"，因此北方人才携家带口，一路艰辛，风餐露宿，义无反顾地要远离故土，远迁南方。

师：北方人民大量南迁，对江南经济的发展产生了什么影响？

生：北民南迁，增加了南方的劳动力，带来了先进的生产工具和耕作经验，也带来了粟、麦、菽等耐寒耐旱作物，使江南的经济得到很大发展。

师：东吴、东晋、宋、齐、梁、陈六个朝代定都什么地方？他们实行什么政策呢？

生：他们都先后建都于建康（吴称建业），实行休养生息政策，安抚北方南迁的流民，促进了经济的发展。

师：三国以来，南方地区战乱较少，社会秩序比较安定，为发展经济提供了良好的社会环境。北民南迁，增加了南方的劳动力，带来了先进的生产工具和耕作经验，同时，南方的少数民族逐渐与汉人融合，既增加了开发江南的劳动力，又扩大了开发的地区，大大加速江南经济的发展。经过南北双方劳动人民的辛勤努力，江南的经济迅速发展起来。

2. 江南地区得到开发的表现

教师：请阅读课文70～71页，列举东晋南朝时期江南经济发展的具体表现。（将学生按农民、工匠、商人分成三组，分别阅读与自己角色相关的课文、图画，然后讨论交流。）

①农业发展的表现

生1：修建了许多水利工程，大片的荒地被开垦为良田。

生2：开始使用绿肥、牛耕和粪肥也推广普及。

生3：南方稻米产量超过北方，北方农作物粟、麦、菽的种植在江南也得到推广。

师：东晋南朝时，江南兴修了许多水利工程，耕作技术和生产工具得到改进（如农作物加工工具——水碓和水磨），农作物品种逐渐多元化。这一时期，长江中下游一带的农业发展迅速。福建、广东等地，也得到一定程度的开发。

②手工业发展的表现

生1：养蚕缫丝技术提高，生产丝织品最多地区是荆州和扬州。成都是全国织锦业的中心。

生2：冶铸水平很高，发明了灌钢法。

生3：制瓷技术有了明显的提高，瓷器成为普遍的生活用具，青瓷、白瓷的烧制技术都很有特色。

生4：纸的生产大为发展，纸的种类、产量之多，质地之精美，都得到当时人们的称赞。

师：东晋南朝时期，江南的丝织、冶铸、制瓷、造纸等技术都有很大进步。（多媒体配古筝音乐展示几张图片。）

③城市和商业的发展

生：商业城市涌现，建康（今南京）成为六朝的政治文化及经济中心。

师补充：其他商业城市京口、扬州、山阴、番禺、荆州等商业也有了发展。以长江为主要干线，沿江两岸成为商品流通的地区；对外贸易发达，波斯、天竺、狮子国、南洋各国等均与中国有贸易往来，番禺是南方重要的贸易中心；南朝时商税收入大增，是政府的重要财政收入。

3. 江南地区开发的影响

教师讲解：三国以前的政治、经济中心都在北方，长江以南许多地方非常落后，魏晋南朝时期，江南得到开发，对我国经济产生了深远影响，并为经济中心的逐渐南移奠定基础。到南宋时，经济重心转移完成，此后北方经济再也没有超过南方。

课堂小结：（多媒体展示本课内容，引导学生回忆掌握）

师强调：三国两晋南北朝时期是中国历史上的一个重要时期，这一时期有三个重要特征：一是封建国家的分裂、二是北方民族大融合、三是江南经济的开发。北方人口迁往江南，为江南的发展提供了劳动力和技术。而江南经济的开发，为我国经济重心逐渐南移奠定了基础，也为后来隋唐盛世奠下稳固的根基。通过本堂课的学习，我们知道，安定的社会环境，是经济发展的前提；劳动人民是经济发展的关键；科学技术是生产发展的动力。因此同学们从小就应该尊重劳动人民，努力学习学科知识，将来为中国的经济繁荣做出贡献。

七、板书设计

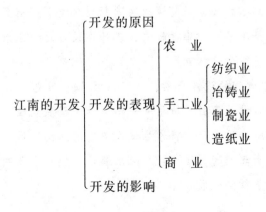

八、教学反思

随着科学技术的快速发展，现代信息技术极大的改变了历史教育面貌，动画技术、声像技术扩大了历史教学的内容和空间，极大地丰富教学手段和教学资源。本节课利用多媒体教学的优势，导入时用演示文稿展现出一幅幅江南精美的图片，配以悠扬的音乐，将学生带入美丽的江南地区，激发学生学习兴趣；接着以动态地图演示三国到南北朝的变迁，将复杂的朝代更替化难为易；讲江南经济开发的原因时，设计多个问题，引导学生层层思考；讲江南经济开发的表现时将学生按农民、工匠、商人分成三组，分别阅读与自己角色相关的课文、图画，然后讨论交流；为加深对江南经济发展的感性认识，多媒体配乐展示一幅幅瓷器、丝织品图片，激发了学生兴趣，提高了教学效果。

本节课的成功之处在于充分利用多媒体创设情境，诱发情趣，重视情感教育，重视学生能力的培养，重视学生交流的学习过程。不足之处在于，如果按农民、工匠、商人编三个情景剧让学生表演，效果会更好。

九、点评

本节课是北京版义务教育课改实验教材历史第一册第 14 课的内容，教材教学内容虽不多，但难度较大，教师在设计过程中准确把握教材重难点，具有如下突出的特点：

1. 从教学过程的设计来看，将信息技术与历史课程巧妙地结合起来。本节课精心设计了引入情景——用演示文稿展现出一幅幅江南精美的图片，配以悠扬的音乐，将学生带入美丽的江南地区，接着以动态地图演示三国到南北朝的变迁。最后配乐展示一幅幅瓷器图片，激发了学生兴趣，提高了教学效果。

2．从学生学习活动的设计来看，教学设计以学生为本，重视学生交流的学习过程。在讲江南经济开发的原因时，教师设计多个问题，引导学生层层思考；讲江南经济发展的表现时，将学生按农民、工匠、商人分成三组，分别阅读与自己角色相关的课文、图画，然后讨论交流，充分调动了学生的积极性和主动性。

3．重视历史学科的情感渗透，重视对学生的人文主义熏陶，结尾的小结"安定的社会环境，是经济发展的前提；劳动人民是经济发展的关键；科学技术是生产发展的动力。因此同学们从小就应该尊重劳动人民，努力学习学科知识，将来为中国的经济繁荣做出贡献"。结合本课内容顺势对学生进行品德教育，很有深度。

6．开展自主学习，重视能力培养

一、课题

人教版　九年级上册　第十二课　美国的诞生

二、教学指导思想与理论依据

1．指导思想

《初中历史新课程标准》对本课的要求是：

①简述《独立宣言》的基本内容，初步了解美国独立战争的历史影响。

②讲述华盛顿的主要活动，评价资产阶级政治家的历史作用。

2. 理论依据

历史课程标准要求我们"设计灵活多样的教学方式，激发学生学习历史的兴趣，转变学生被动接受、死记硬背的学习方式，拓展学生学习和探究历史问题的空间"，根据素质教育理论和历史新课程改革的思想，在教学中我以学生为中心，让他们自主学习，合作学习、互相交流，互相展示，并最终形成对美国独立战争的正确认识。

三、教学背景分析

1. 教学内容分析

本课是人教版九年级上册第十二课，本课的主要内容是，英国对北美殖民地的压制，阻碍了北美资本主义经济的进一步发展，成为美国独立战争的根本原因。来克星顿的枪声打响了美国独立战争的第一枪。美国人民组成大陆军，发表了《独立宣言》，在华盛顿带领下，终于取得了战争胜利，美国赢得了独立。独立后美国制定了宪法，选举华盛顿为第一任美国总统。独立战争是美国的起点，它极大地促进了美国资本主义的发展。美国的独立战争既是民族解放运动，又是资产阶级革命，具有双重性质。从当时大的历史环境看，美国独立战争是早期资产阶级革命的重要组成部分，鼓舞了拉丁美洲人民争取独立的斗争，在世界近代史上占有重要地位。

2. 学生情况分析

在学习本课之前，学生已经学习了英国资产阶级革命，对资产阶级革命的原因、方式、意义有了大致的了解，同时对美国的历史及华盛顿有了初步的认识，并且比较感兴趣。但学生对美国什么时间独立、怎样独立的不太清楚，同时对《独立宣言》的内容，我们应如何评价华盛顿的作用等问题理解上存在困难。通过预习学案、让学生搜集和整理美国独立战争的有关资料，有助于参与课程并为本节课知识的理解提供鲜活的感性材料。

初三学生，已经具备了一定的理论思维能力，但独立分析问题和解决问题的能力还是较弱，提供图片、文字资料，激发学生的兴趣，引导学生层层思考，化抽象为形象有助于教学目标的完成。

3. 教学方法

本课采用讲述法、讨论法、讲故事等多种方法相结合的综合式教学法。

4. 教学准备

（1）教师准备：搜集文字、图片、视频资料，制作 Powerpoint 课件。

（2）学生准备：将学生分成三个小组搜集有关美国独立战争的历史材料、华盛顿故事、《独立宣言》的内容等，预习制作独立战争的大事年表，有条件的同学制成 PPT 课件，课前全班展示和小组展示；思考怎样评价华盛顿，课上交流。

四、教学目标

1. 知识与能力

（1）了解北美的社会经济状况，美国建立的历史背景、经过和历史意义；

（2）了解美国建立过程中的重大事件，认识其建立过程，理解其资产阶级革命性质和民族解放的双重性质。

2. 过程与方法

（1）通过归纳美国建立历史背景中的若干因素，培养学生分析历史背景和历史事件发生必然性的能力；

（2）通过归纳美国建立的大事件，以及战争过程中国家间的复杂关系，培养学生归纳和综合分析的能力。

3. 情感态度与价值观

（1）认识独立战争是北美人民反对英国殖民统治、争取民族解放的正义战争，正义之战必胜。

（2）通过北美人民经过艰苦斗争，以弱胜强，终于赢得胜利的教学，认识人民群众是历史的创造者。

五、教学重点和难点

1. 重点：独立战争的原因、经过，对华盛顿的评价。
2. 难点：美利坚民族的形成、独立战争的双重性质。

六、教学过程与教学资源设计

课前准备：发学案（学案见附件），布置学生预习。课前两分钟预备展示学案。

课堂导入：请同学们看一张图片（华盛顿），这个人物同学们应该很熟悉，他是谁？

生：华盛顿。

师：他是哪个国家的？

生：美国。

师：他为美国做出了哪些贡献呢？

生：领导了美国的独立战争。

师：因为华盛顿在美国独立战争中的卓越贡献，被美国人称为国父。那么美国独立战争是怎么回事？美国人民是怎样取得战争胜利的？今天我们学习第12课。

（一）北美独立战争的原因

师：新航路开辟前，美洲大陆的土著居民是什么人？

生：印第安人。

师：（展示图片《印第安人》）在欧洲殖民者来到北美之前，印第安人世世代代生活劳动在美洲，他们是美洲的主人。

哥伦布发现美洲后，西欧殖民者纷纷到达这里，建立殖民地。从17世纪初开始，英国先后在北美东海岸的狭长地带建立起13个殖民地。

（展示图片《1777年美国国旗》）这是美国1777年的国旗，它的设计者据说是一个普普通通的女裁缝。同学们数数这里的星星和红白相间的横条有多少？它象征着什么？

生：13个。13个红白相间的横条象征最初的13个殖民地的团结和平等。

师：（展示今天的美国国旗）对比一下，它们有什么不同？

生：美国现在的国旗左上角有50个星星，代表美国现在的50个州。

师：英国建立的13个殖民地中，都生活着哪些人呢？

生：英国人，印第安人，黑人……

师：在这些移民中，最多的是英国人。北美大陆的土著居民是印第安人，美利坚民族又是怎么形成的呢？

（学生阅读教材，分组讨论）

生1：到达北美的移民，生活在同一个地区，彼此交往，逐渐融合。

生2：北美殖民地的经济发展，将不同国籍的人连在一起，逐渐形成同一个市场。

生3：北美殖民地人民在交往中，语言也随着新的环境发生了统一的倾向。

教师总结：100多年来，这些来自不同国籍的移民，生活在共同的地域，在英语的基础上吸收了印第安人的语言词汇和非洲的民歌民谣，有了共同语言，这就是美式英语。共同的生活，使他们逐渐形成了共同的文化，共同的风俗习惯，共同的市场，这样北美移民形成了一个新的民族，这就是美利坚民族。经过100多年北美人民的辛勤劳动，北美经济发展起来了。但是北美经济的发展遭到了英国的压制。请问英国在北美殖民的目的是什么？

生：要把北美作为永远的原料供应地和商品的销售市场。

师：英国对北美殖民地的经济压制是在"七年战争"以后强化的，因而导致双方矛盾迅速激化。英国颁布了许多禁令，极力压制北美经济的发展。禁止向阿巴拉契亚山以西移民法令，不仅招致广大渴望土地的小农的愤怒，也损害了种植园主的利益。为弥补英国财政赤字而对殖民地颁布的"印花税法"和"唐森税法"，更是激起殖民地普遍的抗议。1765 年各殖民地代表大会通过《权利和所受损失的宣言》，提出"无代表不纳税"原则，表明殖民地人民把反印花税斗争当作争取自由和争取权利的斗争。当英国被迫放弃这两项税法时，仍保留了一项茶叶入口税，以示英国有权对其殖民地征税。

活动一：

英国官吏认为这里是英国的殖民地，就需要为英国的利益服务，当地人应该买英国生产的商品，向英国政府多交税。

殖民地人民认为他们是这块土地上的主人，英国凭什么向他们征那么多的税？不让他们移民到西部去？还非要他们买英国货不可？

讨论：如果你当时生活在北美殖民地，你对他们俩的观点有什么看法？

活动二：

情景剧表演。

生 1：唉，这年头，日子真是无法过了。

生 2：是啊，我们想去阿巴拉契亚山以西开荒，英国人却说这些广阔的土地是他们王室的私有财产，还限制我们的生产，这不等于捆住我们的手脚吗？

生 3：是啊，各种税收又这么多，糖要上税，酒要上税，日用品哪个不上税啊！

1773 年，英国议会通过《茶叶条例》，东印度公司享有独家向北美销售茶叶的权利，其他人一律不能经营茶叶，茶叶运到北美后每磅抽取3便士的茶叶税。

生1：同胞们，英国人欺人太甚，我们不喝茶了。

众：对，我们要自由！东印度公司的茶叶不能在北美港口卸货。

生4：（旁白）：1773年12月的一个夜晚，在波士顿港口一艘装满茶叶的英国货船停靠在码头上，午夜时分，50多名乔装成印第安人的青年悄悄地靠近船，一箱一箱的茶叶被扔到大海里，也许人们还没有意识到，这不仅仅是一个倾茶事件，而且是一场革命的导火线。

众：我们要自由。我们要拿起武器捍卫自己的自由。

师：通过刚才的表演，请回答，英国殖民者在北美采取了什么样的政策？造成什么危害？

生1：收印花税。采取很多压制政策，使北美经济发展受到阻碍。

生2：还控制北美人民的生产，捆住他们的手脚。

师：英国对北美的压制政策，阻碍了北美资本主义经济的发展，是美国独立战争爆发的根本原因。为了维护自己的自由和权利，北美人民进行了一次又一次的斗争。因此战争的爆发就成为必然，波士顿倾茶事件是革命的导火线。那么美国独立战争的第一枪是怎么打响的？

（二）北美独立战争的经过

师：请第一小组开始讲述来克星顿的枪声。

学生讲述：1775年4月18日晚，天空漆黑一片，两匹快马从波士顿向康科德方向急驰而去。马背上的两个人，一个叫保尔·瑞维尔，一个叫威廉·戴维斯。他俩都是北美争取民族解放的秘密组织"自由之子社"的民兵战士。他们在波士顿打探到总督兼英国驻军总司令盖奇即将派军队到康科德搜查反英秘密组织的军火仓库，并要逮捕爱国者领导人。他们连夜骑马向各地的民兵报警。他们很快来到近郊的来克星顿村，把英国军队就要来搜查的消息告诉当地的民兵们，然后又飞身上马直奔康科德。民兵们得到消息后，很快集合起来，埋伏在树林里、公路旁，等候英军的到来。英国总督得知离波士顿不远的康科德藏有民兵的军火武器，于是派出士兵前往查缴没收。工兵保尔·瑞维尔得知消息后，星夜疾驰，通知各个村庄的民兵组织起来，迎击英军。英军和民兵在来克星顿发生激战，英军尽管赶到康科德，夺取了部分武器，但损失惨重，被迫退回波士顿。

教师总结：来克星顿的枪声，揭开了美国独立战争的序幕。因此，在美国建国的历史进程中，波士顿具有不可磨灭的作用。"来克星顿的枪声"也不仅仅是枪声的意思，而是转变成一个事件的代名词，即美国独立战争的开始。这枪声像信号一样。很快传遍英属北美 13 个殖民地。独立战争胜利后，人们把来克星顿当作美国自由独立的象征，赞誉它是"美国自由的摇篮"。美国人民还在来克星顿镇中心区，树立了一座美国独立战争纪念碑。碑座上是一尊手握步枪，头戴草帽的民兵铜像。碑下刻着一段铭文："坚守阵地。在敌人没有开枪射击以前，不要先开枪；但是，如果敌人硬要把战争强加在我们头上，那么，就让战争从这儿开始吧！"

教师过渡：北美人民的独立战争开始后，各殖民地代表举行大陆会议，决定组建军队与英国军队战斗，华盛顿被任命为总司令。战争一起，北美殖民地和英国政府的隶属关系就结束了，需要成立一个新的政府，一个北美殖民地人民自己的政府。接下来我们学习他们是怎样创造新政府的。

北美人民要建立一个新的政府，必须首先要告诉北美人民为什么要独立，为什么要建立新的政府？要建立的新政府是什么样子？

活动三：

第二小组查阅了独立战争时期的相关的文献，例如潘恩的《常识》。请他们展示自己的资料，让我们一同感受当时的北美人民对独立的态度。

生 1：乔治三世只不过是大不列颠皇家走狗，他是北美事件的首恶之源。英国王室并不神圣，因为据英伦三岛征服史记载，英王的始祖是某一伙不逞之徒中的作恶多端的魁首。

生 2："和解与毁灭密切相关"，独立才是唯一的出路。"英国属于欧洲，北美属于它本身"，"现在是分手的时候了"。

生3：独立之后，实行共和政体，而不是恢复英国留下的制度。"让我们为宪章加冕，北美的法律就是国王"，"推翻国王这一称号，把它分散给有权享受这种称号的人民"。

通过以上材料，我们认为当时的北美，与英国摆脱关系，实现独立成为共识。所以大陆会议坚定支持了这种共识，1776 年 7 月 4 日，大陆会议发表了《独立宣言》。

下面请第三组同学展示《独立宣言》的部分内容。

我们认为下面这些真理是不言而喻的：人人生而平等，造物者赋予他们若干不可剥夺的权利，其中包括生命权、自由权和追求幸福的权利。为了保障这些权利，人类才在他们之间建立政府，而政府之正当权力，是经被治理者的同意而产生的。当任何形式的政府对这些目标具破坏作用时，人民便有权力改变或废除它，以建立一个新的政府；……当今大不列颠国王的历史，是接连不断的伤天害理和强取豪夺的历史，这些暴行的唯一目标，就是想在这些州建立专制的暴政。为了证明所言属实，现把下列事实向公正的世界宣布——

他拒绝批准对公众利益最有益、最必要的法律。

他禁止他的总督们批准迫切而极为必要的法律，要不就把这些法律搁置起来暂不生效，等待他的同意；而一旦这些法律被搁置起来，他对它们就完全置之不理。

他拒绝批准便利广大地区人民的其他法律，除非那些人民情愿放弃自己在立法机关中的代表权；但这种权利对他们有无法估量的价值，而且只有暴君才畏惧这种权利。

他把各州立法团体召集到异乎寻常的、极为不便的、远离它们档案库的地方去开会，唯一的目的是使他们疲于奔命，不得不顺从他的意旨。

他一再解散各州的议会，因为它们以无畏的坚毅态度反对他侵犯人民的权利。

他在解散各州议会之后，又长期拒绝另选新议会；但立法权是无法

中 篇　实施历史新课程的经典案例

取消的，因此这项权力仍由一般人民来行使。其实各州仍然处于危险的境地，既有外来侵略之患，又有发生内乱之忧。

他竭力抑制我们各州增加人口；为此目的，他阻挠外国人入籍法的通过，拒绝批准其他鼓励外国人移居各州的法律，并提高分配新土地的条件。

他拒绝批准建立司法权力的法律，借以阻挠司法工作的推行。

他把法官的任期、薪金数额和支付，完全置于他个人意志的支配之下。

他建立新官署，派遣大批官员，骚扰我们人民，并耗尽人民必要的生活物质。

他在和平时期，未经我们的立法机关同意，就在我们中间维持常备军。

他力图使军队独立于民政之外，并凌驾于民政之上。

……

因此，我们，在大陆会议下集会的美利坚联盟代表，以各殖民地善良人民的名义，并经他们授权，向全世界最崇高的正义呼吁，说明我们的严正意向，同时郑重宣布：这些联合一致的殖民地从此是自由和独立的国家，并且按其权利也必须是自由和独立的国家，它们取消一切对英国王室效忠的义务，它们和大不列颠国家之间的一切政治关系从此全部断绝，而且必须断绝；作为自由独立的国家，它们完全有权宣战、缔和、结盟、通商和采取独立国家有权采取的一切行动。

我们又重温了这个被马克思称为"第一个人权宣言"的《独立宣言》，从材料中，我们可以看出哪些因素导致了北美人民的独立？其中根本原因是什么？有什么意义？

生1：英国国王损害了北美人民的立法权。

生2：英国国王利用官吏和军队加强对殖民地的控制。

生3：英国国王随意征税。

生4：英国国王放弃了对北美人民的保护。

生 5：根本原因是英国的压制阻碍了北美资本主义经济的发展。

生 6：《独立宣言》的意义在于宣告脱离英国殖民统治，成立新的民主国家。

同学们，在上述材料中，我们可以看出《独立宣言》中包含着哪些民主思想？

生 1：天赋人权与自由平等的思想。

生 2：人民主权学说。

生 3：人民革命权利的理论。

师：《独立宣言》提倡资产阶级的自由、平等、主权在民等民主思想，否定等级制和专制统治，否定英国对殖民地统治的合法性。它是一篇著名的资产阶级革命文献，它的发表对独立战争具有巨大的鼓舞和指导作用，是殖民地人民反英斗争的旗帜。《独立宣言》的发表标志着美利坚合众国诞生。以后 7 月 4 日这天就成为了美国的国庆日。纸面上的独立要变成事实上的独立，美国人民还要走很长一段艰苦斗争道路。下面我们请第三组同学展示他们查到的双方实力对比，让我们对战争的形势做一个判断。

美国独立战争期间英美力量对比

国别	英国	美国
经济	老牌殖民国家	年轻国家
人口	连同殖民地在内共 3000 万	不到 300 万
军事	有强大的舰队，军需品充足	无海军，物资奇缺
性质	非正义	正义

师：美国人面对比自己强大很多的英国人有没有退缩？显示了什么精神？经历了哪些主要的战役？

生：没有。敢于斗争，不怕牺牲的精神。他们在华盛顿的领导下，同英国展开了英勇的斗争。其中转折性的战役是 1777 年的萨拉托加大捷。在这场战役之后，美军逐渐掌握战场主动，法国等国家开始对美国提供军事援助。1783 年英国承认美国独立。最后战争以美国胜利告终。

中 篇　实施历史新课程的经典案例

91

师：（多媒体展示美国独立战争中的重大事件）

导火线	1773 年波士顿倾茶事件
序幕	1775 年 4 月来克星顿的枪声
建军	1775 年第一届大陆会议组建大陆军
建国	1776 年 7 月 4 日《独立宣言》的发表
转折	1777 年萨拉托加大捷
胜利	1781 年约克镇大捷
独立	1783 年英国承认美国独立

教师过渡：下面我们来探讨一下北美独立战争美国胜利的原因。

生 1：美国人民的顽强斗争。

生 2：美国人战争的正义性。

生 3：华盛顿的指挥正确。

生 4：法国的国际援助。

教师过渡：大家总结非常好。战争胜利后，美国人面临着一个新的问题：建立一个怎样的国家。开国者以宽广的胸怀和远见卓识，经过不懈努力，最终制定了美国的第一部宪法。它的内容有哪些？根据美国宪法，谁当选了第一任美国总统？

生：确定美国是联邦制国家，规定总统既是国家元首，又是政府首脑，享有行政权；国会和最高法院分别掌握国家的立法和司法大权。华盛顿当选为美国第一任总统。

师：刚才我们多次提到了华盛顿。第一组同学请你们讲述搜集到的华盛顿的故事。

生：在父亲农场里，有一颗小樱桃树，那是父亲为纪念华盛顿的诞生而栽种的。小乔治一天天长大，小樱桃树也一年比一年高了。华盛顿一心想长大做一名威武的军人。有一次，他打算做一把小木枪，把自己武装起来。他本想让父亲帮帮忙，可看到父亲成天忙于自己的工作，没有时间，于是决定自己动手。小华盛顿拿起锯子、斧子，找了一棵容易砍倒的小树，把它锯倒了。哪知道这棵树，就是父亲最心爱的那棵樱桃树。这下可闯了大祸。父亲回来，知道了这件事，大发脾气，质问是谁干的。华盛顿躲在屋子里，非常害怕。他想了想，还是勇敢地出来，走到父亲面前，带着惭愧的神色说："爸爸，是我干的。""小家伙，你把我喜爱的樱桃树砍倒了，你不知道我会揍你吗？"华盛顿见父亲气未消，回答说："爸爸，您不是说，要想当一个军人，首先就得有诚实的品质吗？我刚才告诉您的是一个事实呀。我没有撒谎。"听儿子这么一说，父亲很有感触。他意识到孩子身上的优良品质，要比自己心爱的樱桃树还要珍贵。他一把抱住华盛顿，说："爸爸原谅你，孩子。承认错误是英雄行为，要比一千棵樱桃树还有价值。"

通过樱桃树的故事，我们看到华盛顿有哪些优秀品质？

生：勇于承认错误，知错就改。

师：那么他在美国独立战争中有哪些表现呢？

生：美国军队总司令，参加大陆会议，领导萨拉托加大捷，主持宪法的制定，当选为美国第一任总统。

师：同学们总结非常好。华盛顿因为其在美国独立战争中的卓越表现，被称为"国父"。结合我们所学知识和华盛顿的故事，我们应该怎样评价华盛顿呢？

生1：华盛顿是民族英雄，领导美国人民走向独立。

生2：华盛顿具有高尚的品德，虽然拥有很高的威望，但是1796年在连任两届总统即将到期之时，发表了著名的《告别辞》，坚定地谢绝了美国人希望他再次连任的要求。说明他淡泊名利，热爱民主。

生3：华盛顿对美国的社会生活产生了很大影响，在美元、雕塑都有他的身影。

（三）北美独立战争的意义

师：最后我们来看一下，美国独立战争有什么意义呢？

生：美国独立战争结束了英国的殖民统治，实现了国家的独立，确立了比较民主的资产阶级政治体制，有利于美国资本主义的发展，对以后欧洲和拉丁美洲的革命起了推动作用。

教师总结：美国的独立战争不仅对本国产生了很大影响，而且对世界其他国家也产生了积极的影响。

小结：英国对北美殖民地的压制，阻碍了北美资本主义经济的进一步发展，成为美国独立战争的根本原因。来克星顿的枪声打响了美国独立战争的第一枪。美国人民组成大陆军，发表了《独立宣言》，在华盛顿带领下，终于取得了战争胜利，美国赢得了独立。独立后美国制定了宪法，选举华盛顿为第一任美国总统。美国的独立战争既是民族解放运动，又是资产阶级革命，具有双重性质。独立战争是美国的起点，它极大地促进了美国资本主义的发展，是早期资产阶级革命的重要组成部分，鼓舞了拉丁美洲人民争取独立的斗争，在世界近代史上占有重要地位。

附件

预习学案

课题名称	第十二课　美国的诞生
预习目标	1. 知道：英国对殖民地经济发展的压制，来克星顿的枪声，华盛顿，《独立宣言》，萨拉托加大捷，美国宪法等史实。 2. 了解：北美独立战争的原因，独立战争的意义。
预习重点	独立战争的原因、经过，对华盛顿的评价。
预习难点	美利坚民族的形成、独立战争的双重性
预习方法	通读课文，理清线索，划出重要知识点；上网查阅有关美国独立战争的资料。
自主探究 课前展示	预习第 12 课《美国的诞生》，编制一个独立战争的大事年表。（有条件的同学可以制作 ppt）
小组合作 黑板展示	小组讨论，确定一个你们小组感兴趣的美国独立战争的重大事件，查找资料，写在本组的黑板上。
查找故事 展示才华	查阅有关华盛顿的资料，讲一个有关华盛顿的小故事。 （课上讲述）

新课程历史怎么教

七、板书设计

第十二课　美国的诞生

美国的诞生
- 独立战争的原因
- 独立战争的经过
  - 导火线——1773 年波士顿倾茶事件
  - 序幕——1775 年 4 月来克星顿的枪声
  - 建军——1775 年第一届大陆会议组建大陆军
  - 建国——1776 年 7 月 4 日《独立宣言》的发表
  - 转折——1777 年萨拉托加大捷
  - 胜利——1781 年约克镇大捷
  - 独立——1783 年英国承认美国独立
- 独立战争的意义

八、教学反思

本节课体现了新课程理念，注重学生的自主学习和合作学习，注意调动学生学习历史的兴趣。综合运用多种素材，合理设置问题情景，组织学生进行开放性的探究学习鼓励学生多角度、开放地思考问题。设计的探究环节，大大地激发了学生的学习兴趣，学生团结协作，积极互动，体现出合作学习的真谛。

但还有许多需要进一步探讨之处：

首先，时间的把握上前松后紧。展示独立宣言内容时，占用了较多时间，后面对独立战争时间表讨论交流时间短了些，许多学生的观点没有时间表达，影响了教学效果。

其次，在图片的搜集和使用上不够精细。例如：对于独立战争的地图没给学生留出充分的时间提取有效信息，给学生展示一下就匆匆而过了。

第三，对学生关注不够，学生瞬间表现出来的智慧火花，没能得到最充分的肯定和鼓励。如美国宪法反思时学生提出的三权分立体制的弊端，没有及时给予肯定和表扬。

九、点评

本节课在设计时紧跟历史新课程改革，体现了新课标精神并有所创新，其突出特点有：

首先，注重学生的自主学习和合作学习。通过指导学生分组搜集独立战争的历史材料，制作独立战争的大事年表，查找有关华盛顿的故事，讨论北美独立战争的原因等活动，让学生主动参与整个教学过程，充分发挥了学生的主体作用。

其次，注意调动学生学习历史的兴趣。课上通过提示学生观察教材一系列有关北美独立战争的图片和地图；通过讲述华盛顿的小故事；通过讨论北美人民对英国殖民统治的态度等等手段，极大的提高了学生学习历史的兴趣。

第三，注重情感教育和正确价值观的培养。本节课的德育重点一是通过华盛顿的事迹进行爱国主义和英勇抗战教育；二是形成对战争的正确认识。课中让学生讲述华盛顿的小故事，让学生感受华盛顿的勇于承认错误，知错就改的精神；课中通过"北美人民对英国殖民统治态度"开放式问题的思考，将德育渗透在历史史实中，既贴近学生生活，同时又对学生的人生观价值观产生影响，德育教育也就做到了润物细无声。

第四，重视培养学生能力。通过指导学生解析相关材料，培养学生利用史料提取有效信息和分析、解决具体问题的能力；通过"北美人民对英国殖民统治态度"开放式问题的思考和讨论，培养学生针对历史问题，进行一定深度的分析、探讨、并发表自己的观点的综合归纳能力；通过讲述华盛顿的小故事，让学生参与历史教学，树立榜样，提高学生口头表达能力。在学法指导上，通过实施分组收集资料并课堂展示来训练学生的独立探究与合作学习的能力。把知识的传授、能力的培养和思想教育有机的结合在一起。依据学生的心理发展规律，多角度激发学生对历史问题的兴趣，通过动脑、动口、动手三者有机结合，培养了学生历史学习能力和敢于创新的品质，增强了自信心和集体荣誉感，形成了主动学习的态度，改变了历史学习方式。比较圆满地完成了该课的教学任务，使该课具有以教师为主导、学生为主体、思维训练为主线、能力培养为重点的鲜明特点。

7. 实施分组展开，开展自主与合作学习

一、课题

人教版　九年级上册　第二十课　人类迈入"电气时代"

二、教学指导思想与理论依据

1. 指导思想

《初中历史新课程标准》对本课的要求是：

（1）列举电力广泛使用的史实，了解第二次工业革命的特点。

（2）知道本茨和莱特兄弟的发明活动，了解汽车和飞机两种交通工具的发明对人类社会发展的影响。

（3）讲述爱迪生发明电器的故事，认识电器的广泛使用对提高人类社会生活质量的重要作用。

2. 理论依据

素质教育强调教学中教师是主导，学生是主体；历史课程改革强调

学生能力的培养，根据新课程理念，在教学中我以学生为中心，让他们自主学习，合作学习、互相交流，互相展示，并最终形成对第二次工业革命的正确认识。

三、教学背景分析

1. 教学内容分析

第二次工业革命开始于 19 世纪 70 年代，主要标志是电力的广泛应用。1870 年以后，科学技术的发展突飞猛进，各种新技术、新发明层出不穷，并被迅速应用于工业生产，大大促进了经济的发展。当时，科学技术的突出发展主要表现在三个方面，即电力的广泛应用、内燃机和新交通工具的创制、新通讯手段的发明。第二次工业革命把人类带入了"电气时代"，使资本主义的政治、经济模式日渐成熟，资本主义世界体系最终形成。通过对本课的学习，了解电气时代的来临对世界带来的深刻变革，从中感受科技作为第一生产力的重要性。认识人类文明的演进，人类社会的发展，历来都是在生产力进步的基础上实现的。

2. 学生情况分析

通过课前调查，发现学生对第二次工业革命的发明很感兴趣，但对第二次工业革命的起止时间、内容、对社会进步的推动作用理解不是很清楚。同时学生已经学习了第一次工业革命，知道工业革命对生产力的巨大促进作用，对学习第二次工业革命做了很好的铺垫。

初三学生，侧重于形象思维，抽象思维能力较弱，但爱听故事也会讲故事，好动，爱表现自己，具有一定的自主学习能力和独立探究能力，对于自主性学习这种教学模式已经比较熟悉。

3. 教学方法

本课采用讲述法、讨论法、情景剧表演等多种方法相结合的综合式教学法。

4. 教学准备

（1）教师准备：搜集文字、图片、视频资料，制作 Powerpoint 课件；

（2）学生准备：分成三个小组搜集有关第二次工业革命的历史材料，及最感兴趣的发明家故事；预习制作第二次工业革命的成果表，有条件的同学制成 PPT 课件，课前全班展示和小组展示；查找有关发明家的故事，课上讲述；思考科技进步对人类社会的影响，课上交流。

四、教学目标设计

1. 知识与能力

了解历史上的第二次工业革命，包括电力的广泛应用、发明家爱迪生和他的发明成就，汽车和飞机的发明和使用等基本史实。

2. 过程与方法

通过比较电的发明前后社会生活的巨大变化，培养历史想象力和知识迁移能力，通过引导思考和探究汽车的发明与使用对人们更有利还是更有害等问题，培养学生独立思考问题的习惯和全面分析问题的能力。

3. 情感态度与价值观

认识科学技术对推动社会进步发挥的巨大作用，认识到科学技术是第一生产力，进而培养积极探索、勇于创新的科学精神。

五、教学重点和难点

1. 重点：电力的发明和广泛应用，汽车和飞机的问世。

2. 难点：对第二次工业革命推动社会进步的理解。

六、教学过程与教学资源设计

课前准备：发学案（学案见附件），布置学生预习。课前两分钟预备展示学案。

中篇 实施历史新课程的经典案例

课堂导入：

师：我们的城市现在越来越漂亮，每当夜幕降临的时候，我们会看到霓虹灯闪烁，照亮夜空，美丽的夜景让我们陶醉。那么大家知道，最早发明电灯，为人类带来光明的科学家是谁吗？

学生：爱迪生。

师：（多媒体展示爱迪生的图片）电灯，是第二次工业革命最伟大的发明成就之一，让我们一起走进第二次工业革命，看伟大的科学家是如何点亮了我们的生活，板书课题《人类迈入"电气时代"》进入新课。

（一）"电气时代"的到来

师提问：第一次工业革命开始的时间，开始的标志，主要发明，有什么影响？

学生：开始于 18 世纪 60 年代；开始的标志是珍妮纺纱机的发明；主要发明有火车、汽船等；主要影响是推动人类社会进入蒸汽时代。

教师过渡：第一次工业革命推动了自然科学的发展，使新理论、新发明、新技术层出不穷，科学技术应用于生产，极大地提高了生产力，而不断提高的生产力要求进一步技术革新，这就使工业革命跃上了一个新台阶，出现了第二次工业革命。（引导学生阅读课本第 124 页第一段内容，提取第二次工业革命的有效信息）。

生 1：第二次工业革命开始的时间——19 世纪 70 年代；

生 2：重要标志——电力的广泛应用

师：请同学们阅读回答：电是如何发现的？电力是怎样进入生产领域的？

生 1：1831 年英国著名科学家法拉第发现了电磁感应现象，并用实验证明了"磁能生电"，为制造发电机提供了基本原理，成为打开电能大门的钥匙。

生 2：1866 年，德意志人西门子研制出发电机，将机械能转化为电能。后来，发电机和电动机进入了实际生产领域，使电力开始用来驱动机器。19世纪70年代，电力作为新能源，逐步取代蒸汽，成为工厂中机器的主要动力，标志人类历史进入了"电气时代"。

师再问：电力作为一种新能源，与蒸汽动力相比有哪些优点？

生1：电力作为动力无污染，清洁环保。

生2：电力比蒸汽机更加方便，不用携带那么多的煤。

生3：电力噪音小。

师：电力的应用给人们的生活带来哪些变化？

生：电力的广泛应用，促成了一大批新兴工业部门的诞生，如化学工业、钢铁工业，电灯、电话、电车等的出现，这从根本上改变了生产生活的面貌。

师：如果没有电，我们的生活会怎样？在没有电灯之前，我们的先人在夜晚采用哪些方法照明？可能会出现什么问题？

（展示图片煤气灯、煤油灯、电灯，让学生直观了解照明工具的改进，学生分组讨论。）

生1：用煤气灯不安全，容易爆炸。

生2：用煤油灯亮度差，照明范围较小，不能满足需要，还容易造成环境污染。

生3：电灯不仅明亮，还安全环保。

生4：没有电，我们的生活会变得很不方便，如夜晚大街上变得漆黑一片、电视机无法打开、电车停运等等。

教师总结：通过刚才大家的发言，我们发现电的发明对人类社会的重要性。

教师过渡：随着经济的发展、社会的进步，人们要求进一步加强联系，通讯事业在这一时期也得到了迅速发展。你知道第二次工业革命时期出现了哪些通讯工具吗？能产生什么作用？

生：电话和无线电报的发明，是近代通讯技术的重大成就。

师：（展示电话和无线电报发明的图片）1880年，美国已有4.8万门电话机在使用，随后，在巴黎、柏林、彼得堡、莫斯科和华沙等地相继成立了电话局。中国自行架设的第一条电报线于 19 世纪 70 年代出现在香港到上海之间，1877 年在上海租界内首先使用了电话。

教师过渡：正是因为各种电器产品的出现，引起了对电力的大量需求。电力的广泛应用改善了人们的生产和生活。

（多媒体展示：《19 世纪末的美国纽约街头》）

提问：与以往的街头有什么不同？

生：在街头有了很多电线组成的电网。说明电对人们生活产生了重要影响。

教师过渡：一项科技发明的诞生闪耀着科学家的智慧，更包含着科学家发明创造背后的艰辛。

（二）发明大王——爱迪生

在电器发明领域的众多科学家中，最著名的要属美国科学家爱迪生，他被称为"发明大王"，还有人称他为"现代的普罗米修斯"，他为什么得到这样的称号？

生：是因为他一生中正式注册的发明就有 1300 多种，因为他发明的电灯给世界带来了光明。

师：你知道爱迪生发明电灯泡的故事吗？接下来让我们在第一小组同学查找的爱迪生的故事中去感悟爱迪生的精神吧。

学生讲述：爱迪生出身低微、生活贫困，他的"学历"是一生只上过 3 个月的小学，老师因为总被他古怪的问题问得张口结舌，竟然当他母亲的面说他是个傻瓜，将来不会有什么出息。母亲一气之下让他退学，由她亲自教育。这时，爱迪生的天资得以充分地展露。在母亲指导下，他阅读了大量的书籍，并在家中自己建了一个小实验室。为筹措实验室的必要开支，他只得外出打工，12 岁的时候，他获得列车上售报的工作，他一边卖报，一边兼做水果、蔬菜生意，只要有空他就到图书馆看书。他买了一架旧印刷机，自己办起了报纸，最后用积攒的钱在火车的行李车厢建了个小实验室，继续做化学实验研究。后来，化学药品起火，几乎把这个车厢烧掉。暴怒的行李员把爱迪生的实验设备都扔下车去，还打了他几记耳光，据说爱迪生因此终生致聋。

爱迪生在1877年开始了改革弧光灯的试验，提出了要搞分电流，变弧光灯为白光灯。这项试验要达到满意的程度，必须找到一种能燃烧到白热的物质做灯丝，这种灯丝要经住热度在2000度1000小时以上的燃烧。同时用法要简单，能经受日常使用的击碰，价格要低廉，还要使一个灯的明和灭不影响另外任何一个灯的明和灭，保持每个灯的相对独立性。这在当时是极大胆的设想，需要下极大的功夫去探索，去试验。

灯丝用的物质，爱迪生先是用炭化物质做试验，失败后又以金属铂与铱高熔点合金做灯丝试验，还做过上质矿石和矿苗共1600种不同的试验，结果都失败了。但这时他和他的助手们已取得了很大进展，已知道白热灯丝必须密封在一个高度真空玻璃球内，而不易熔掉的道理。这样，他的试验又回到炭质灯丝上来了。他昼夜不息地做实验，到了1880年的上半年，爱迪生的白热灯试验仍无结果。有一天，他把试验室里的一把芭蕉扇边上缚着一条竹丝撕成细丝，全副精力在炭化上下功夫，仅植物类的炭化试验就达6000多种。他的试验笔记簿多达200多本，共计4万余页，先后经过3年的时间。他每天工作十八九个小时。每天清早三四点的时候，他才头枕两三本书，躺在实验用的桌子下面睡觉。有时他一天在凳子上睡三四次，每次只半小时。

到了1880年的上半年，爱迪生的白热灯试验仍无结果，就连他的助手也灰心了。有一天，他把试验室里的一把芭蕉扇边上缚着一条竹丝撕成细丝，经炭化后做成一根灯丝，结果这一次比以前做的种种试验都优异，这便是爱迪生最早发明的白热电灯——竹丝电灯。这种用竹丝作电灯的灯丝的实验持续了好多年。直到1908年发明用钨做灯丝后才代替它。爱迪生在这以后开始研制的碱性蓄电池，困难很大，他的钻研精神，更是十分惊人。这种蓄电池是用来供给原动力的。他和一个得力的助手苦心孤诣地研究了近10年的时间，经历了许许多多的艰辛与失败，一会儿他以为走到目的地了，但一会儿又知道错了。但爱迪生从来没有动摇过，而再重新开始。大约经过 5 万次的试验，写成试验笔记 150 多本，方才达到目的。

师：你能从"天才是 1% 的灵感加 99% 的汗水"这句名言和爱迪生的故事中感受到什么？

生 1：爱迪生勇于探索，百折不挠的科学精神。

生 2：我们要从现在做起，发奋学习，勇攀科学高峰。为祖国的繁荣昌盛贡献自己的力量。

生 3：因为有了爱迪生等科学家的发明创造，使美国在第二次工业革命中后来居上，所以科技是第一生产力。我们应该重视发明创造，保护知识产权。

教师：同学们总结得非常好。当电力作为新能源广泛应用之时，还有一种新能源——石油，被人们广泛使用起来，1870 年，全世界开采的石油只有 80 万吨，到 1900 年猛增至 2000 万吨，这与内燃机的创制是分不开的。

（三）汽车和飞机问世

师：第一次工业革命交通工具的成果是以蒸汽机为动力的火车、轮船的发明，第二次工业革命交通工具的成果是以内燃机为动力的汽车、飞机的发明。请同学们比较一下内燃机与蒸汽机的优劣。

生 1：蒸汽机比较笨重，内燃机比较轻便。

生 2：蒸汽机噪音大，内燃机噪音小。

师：（多媒体展示一幅图片《奔驰车标》）

生：奔驰汽车。

师：大家知道奔驰汽车是谁发明的呢？

生：卡尔·本茨。

师：19 世纪 80 年代，德国的卡尔·本茨等人设计出了以汽油为燃料的轻内燃机。19 世纪 90 年代，德国工程师狄塞尔设计了以柴油作燃

新课程历史怎么教

104

料的内燃机，又名柴油机。接下来让我们在第二小组同学查找的卡尔·本茨的故事中来了解汽车的发明历程。

生：卡尔·本茨，德国人，被誉为"现代汽车之父"，是现代汽车工业的先驱者之一。他勇于向马车、蒸汽汽车挑战，采用内燃机实现车辆的自动化，使人类社会步入现代汽车时代。

在中学时代就对自然科学产生浓厚兴趣的本茨，在进入卡尔斯鲁厄综合科技学校后，系统地学习机械构造、原理、发动机制造、经济核算等课程，打下了良好的基础。因其父发生事故早逝，本茨的家庭生活贫寒。他经历过学徒工、服兵役、娶妻生子等人生历程，但和普通人不同的是他有强烈的创业精神。1872 年他组建了"奔驰铁器铸造公司和机械工场"，专门生产建筑材料。由于建筑业不景气，本茨工场经营十分困难。尽管如此，在工场面临倒闭的危险时刻，本茨仍潜心钻研发动机制造技术，经过一年多的设计与试制，于 1879 年 12 月 31 日制造出第一台单缸煤气发动机（转速为 200 转/分，功率约为 0.7 千瓦）。

本以为可以通过制造发动机获取高额利润来摆脱困境，但工场依然面临着破产的困境，本茨的生活仍然十分艰苦。清贫的生活并没有动摇本茨投身发动机研究的决心，更没有消磨其创业的意志，他埋头于自己的发明工作。经过多年努力，终于研制成单缸汽油发动机。在蒸汽机是当年技术上已十分成熟的动力装置而被广泛采用的情况下，本茨却另开先河将并不被人看好的内燃机作为动力安装在自己设计的三轮车架上，并取得了世界上第一个"汽车制造专利权"（1886 年 1 月 29 日）。这就是日后被人们称为世界上第一辆具有现代意义的汽车。

探究活动一：汽车作为交通工具与马车相比有哪些优越性？

生 1：汽车有新型的动力。

生 2：汽车体积小、速度快。

生 3：汽车更加舒适。

生 4：汽车大大缩短了各地的距离，节省了时间。

（多媒体展示：汽车—卡尔·本茨，飞机—莱特兄弟的图片）

师：汽车的改进使之成为大众化的交通工具，许多国家都开始建立起汽车工业，到第一次世界大战前夕，世界的汽车产量由每年几千辆猛增到每年 50 万辆以上。今天，经济型汽车已经走进了千千万万的中国家庭。汽车的大量使用给人们的生活带来了哪些便利？

生：增强了人们的生产能力，改变了人们的生活方式，扩大了人们的活动范围，加强了人与人之间的交流。

探究活动二：在汽车大量使用的时候，又会出现空气污染、交通堵塞、交通事故等问题，那么是否要禁止汽车工业的发展呢？怎么办才好？

生 1：汽车的发明给我们带来很多便利，应该积极发展汽车工业。

生 2：不能只看到汽车工业的积极作用，汽车的大量使用带来了空气污染，交通阻塞、交通事故等等，应该停止发展汽车工业。

生 3：你们说的都有道理，但是都不全面。我们应该在发展汽车工业的同时，尽量减少它带来的消极后果。

师补充：我们常常说："要用辨证的眼光看待事物的发展"，尽力减少和消除它带来的消极影响，趋利避害，处理好发展与可持续发展的关系，实现人与自然的和谐统一。

师：人类一直梦想能够在天空飞翔，那么人类的这个梦想什么时候实现的呢？让我们来听一下第三小组查找的莱特兄弟发明飞机的故事。

生讲述：1903 年 9 月，莱特兄弟带着他们装有发动机的飞行再次来到吉蒂霍克海边试飞。虽然这次试飞失败了，但他们从中得到了很多经验。过后不久，他们又连续试飞多次，不是因为螺旋桨的故障，就是发动机出了毛病，或是驾驶技术的问题。莱特兄弟毫不气馁，仍然坚持试飞。

12 月 17 日上午 10 点钟，莱特兄弟在北卡罗来纳州的基蒂霍克，驾驶一架由动力驱动的名为"飞行者"号飞机，成功地进行了第一次有动力的持续飞行，实现了人类渴望已久的梦想，人类的飞行时代从此拉开了帷幕。第一次试飞的那一天，天气寒冷，刮着大风，首先由弟弟奥维尔·莱特驾驶"飞行者"飞机进行飞行，留空时间 12 秒钟，飞行 36.5 米。在同一天内，飞机又进行了 3 次飞行，其中成绩最好的是哥哥威尔伯·莱特，他驾驶飞机在空中持续飞行 260 米。

莱特兄弟原以修理自行车为生，兄弟俩聪明好学，从 1896 年开始，他们就一直热心于飞行研究。通过多次研究和实验，他们很快得出一个结论：要解决飞机操纵这个悬而未决的关键问题，必须装上某种能使空气动力学发挥作用的机械装置。他们按照这一想法，在基蒂霍克沙丘上空对载人滑翔机进行了几度寒暑的试验之后，他们的梦想终于变成了现实。"飞行者"号是一架普通双翼机，它的两个推进式螺旋桨分别安装在驾驶员位置的两侧，由单台发动机链式传动。1904 年，莱特兄弟制造了装配有新型发动机的第二架"飞行者"，在代顿附近的霍夫曼草原进行试飞，最长的持续飞行时间超过了 5 分钟，飞行距离达 4.4 千米；1905 年又试验了第三架"飞行者"，由威尔伯驾驶，持续飞行 38 分钟，飞行 38.6 千米。莱特兄弟飞行的成功，最初并没有得到美国政府和公众的重视与承认，直到 1907 年还为人们所怀疑；反而是法国于 1908 年首先给他们的成就以正确的评价，从此掀起了席卷世界的航空热潮。

师：我们从莱特兄弟的故事中能感受到什么呢？

生：莱特兄弟研制成功的飞机，体现了科学家不怕失败、敢于探索的精神。正是有了许许多多的科学家在不断尝试，我们的生活才会越来越便捷，越来越舒适。

教师总结：飞机的发明实现了人类上天的梦想，中国人自己的飞机是由冯如发明的。飞机发明后不久，经改造和发展，作为新的交通运输工具和新式武器投入到一战的战场。1918 年，飞机开始进入民用交通运输领域，今天，它已成为人们出行时便利、快捷的交通工具。

教师过渡：电灯亮起来了，电话响起来了，汽车跑起来了，飞机飞起来了……第二次工业革命的开展，带来了巨大的影响。

探究活动三：分组讨论，两次工业革命的成果比较，以及带给我们的启示。（学生讨论略）教师多媒体展示下列图表进行归纳。

比较内容＼比较项目	科学与技术的结合程度	发明家国籍	新兴工业部门	生产力	动力机器	交通工具	启迪
第一次工业革命	工匠的发明创造，科学没有与技术结合	瓦特（英国）史蒂芬孙（英国）富尔顿（美国）	机器制造业	蒸汽时代	蒸汽机	蒸汽机车、汽船	科学技术是第一生产力；科学技术推动社会进步。
第二次工业革命	科学与技术紧密结合	爱迪生（美国）卡尔·本茨（德国）莱特兄弟（美国）西门子（德国）	电力工业、石油工业、汽车工业	电气时代	发电机内燃机	汽车、飞机、电车	

　　探究活动四：科技推动社会进步的同时，有没有负面作用呢？如何避免这些负面效应呢？下面我们结合两个案例，分组讨论。

　　案例一：汽车给人们带来便利同时，带来了严重的环境问题。例如汽车尾气排放等。

　　案例二：一次性泡沫饭盒给人们带来方便的同时，也形成了白色污染。

　　生1：科技发明导致很多负面影响，所以我们要减少科技进步。

　　生2：科技发明虽然会导致不良影响，但是这些都是次要方面。

　　生3：我们对待科技的态度，应该是积极倡导科技进步，但是应该注意避免负面影响，要趋利避害。

教师：大家总结得非常好。我们一定要坚持科技进步，学习科学家勇于创新，努力探求科学奥秘的精神品质。

教师小结：第二次工业革命对人类社会产生了深远影响：生产力方面，使人类进入电气时代；生产关系方面，垄断组织的出现；生活方式方面，发明创造改善日常生活，尤其在衣和行方面；社会关系方面，垄断资产阶级逐渐控制了国家政权；国际关系方面，资本主义世界体系最终形成，一战的爆发；殖民扩张方面，欧美资本主义国家加强资本输出和对世界的瓜分。总之，第二次工业革命的科学技术新成果被迅速、广泛用于工业生产，大大促进了资本主义经济的发展。这是近代以来科学技术上第二次大突破。

附件

预习学案

课题名称	第二十课　人类迈入"电气时代"
预习目标	1. 列举电力广泛使用的史实，了解第二次工业革命的特点。 2. 知道本茨和莱特兄弟的发明活动，了解汽车和飞机两种交通工具的发明对人类社会发展的影响。 3. 讲述爱迪生发明电器的故事，认识电器的广泛使用对提高人类社会生活质量的重要作用。
预习重点	电力的发明和广泛应用，汽车和飞机的问世。
预习难点	对第二次工业革命推动社会进步的理解。
预习方法	通读课文，理清线索，划出重要知识点；上网查阅有关第二次工业革命的资料，完成学案。
自主探究课前展示	分成三个小组搜集有关第二次工业革命的历史材料，预习制作第二次工业革命的成果表，有条件的同学制成 PPT 课件，课前全班展示和小组展示。

中篇　实施历史新课程的经典案例

课题名称	第二十课　人类迈入"电气时代"
小组合作 黑板展示	小组讨论，确定一个你们小组感兴趣的发明家故事，查找资料，写在本组的黑板上。
查找故事 展示才华	查找有关发明家的故事，课上讲述。
自主思考 课堂交流	思考科技发展对社会的双重影响，课上交流。

七、板书设计

第二十课　人类迈入"电气时代"

第二次工业革命
- 电力的广泛应用
- 新的通讯手段的发明
- 内燃机和新的交通工具的创制
  - 汽车的发明
  - 飞机的发明
- 化学工业的建立

科学技术推动社会进步

八、教学反思

本课难度适中，较适合学生的自主探究学习，在教学中我赋予学生更大的自主性，将学生分成三个小组搜集有关第二次工业革命的历史材料及最感兴趣的发明家故事；预习制作第二次工业革命的成果表，查找有关发明家的故事，课上讲述这些故事；讨论科技进步对人类社会的负面影响，通过采用小组合作的方式进行探究，使学生能在师—生、生—生充分地交流中加深对知识的理解。

但还有许多需要进一步改进之处：

首先，没有能够让学生有充分时间小组讨论。讲发明家的小故事时照本宣科，准备不足，后面对科技反思的讨论交流时间短了些，许多学生的观点没有时间表达，影响了教学效果。

其次，在图片的搜集和使用上不够精细。例如：对于成果的有些图片没给学生留出充分的时间提取有效信息，给学生展示一下就匆匆而过了。

第三，对学生关注不够，学生瞬间表现出来的智慧火花，没能得到最充分的肯定和鼓励。如讨论汽车的问题反思时学生提出的国家政策的作用，没有及时给予肯定和表扬。

九、点评

本节课在设计时紧跟历史新课程改革，体现了新课标精神并有所创新，其突出特点有：

首先，注重学生的自主学习和合作学习。通过指导学生分组搜集第二次工业革命的历史材料，制作第二次工业革命的成果表，查找有关发明家的故事，讨论科技进步对社会发展的负面效应等活动，让学生主动参与整个教学过程，充分发挥了学生的主体作用。

其次，注意调动学生学习历史的兴趣。课上通过展示一系列有关第二次工业革命的图片和地图；通过讲述爱迪生和本茨的小故事；通过讨论科技进步对社会发展的负面影响等手段，极大的提高了学生学习历史的兴趣。

第三，注意将历史资料和图片引入历史课堂教学中。导入时利用1931年美国人纪念爱迪生的材料，讲课中利用了《法拉弟发现电磁感应现象》、《电网》、《电车》、《汽车》、《飞机》等图片，给学生一个直观形象的展示，使学生对第二次工业革命的成果一目了然。

第四，注重情感教育和正确价值观的培养。培养学生的科学精神，形成对科技发展的正确认识。课中让学生讲述爱迪生的小故事，让学生感受科学家勇于探索的精神；结尾通过"科技对人类社会的负面影响"

开放式问题的思考，将德育渗透在历史史实中，既贴近学生生活，同时又对学生的人生观价值观产生影响，德育教育也就做到了润物细无声。

第五，重视培养学生能力。通过指导学生解析相关材料，培养学生利用史料提取有效信息和分析、解决具体问题的能力；通过比较电的发明前后社会生活的巨大变化，培养历史想象力和知识迁移能力，通过引导思考和探究汽车的发明与使用对人们更有利还是更有害等问题，培养学生独立思考问题的习惯和全面分析问题的能力。通过"汽车产业应该鼓励还是反对"开放式问题的思考和讨论，培养学生针对科技的影响，进行一定深度的分析、探讨、并发表自己的观点的综合归纳能力；通过讲述爱迪生的小故事，让学生参与历史教学，树立榜样，提高学生口头表达能力。在学法指导上，通过实施分组讨论来训练学生的独立探究与合作学习的能力。

8. 将材料引入历史课堂，开展探究学习

一、课题

北京版 历史第四册 第十七课 世界经济的全球化趋势

二、教学指导思想与理论依据

1. 指导思想

《初中历史新课程标准》对本课的要求是：概述世界经济全球化加速发展的趋向，理解世界各国相互依存、相互竞争的复杂性。

2. 理论依据

新课标倡导教师应改革教学方式，以达到改变学生被动接受的学习地位，使学生成为学习活动的主体。建构主义学习理论也强调，将教学过程变为学生自主构建知识结构、发展能力的过程。所以教师努力在教学中采用多种方式为学生自主学习和思维探究创设情景、提供素材、方法引领，以求课程标准中有关教学目的的有效达成。

三、教学背景分析

1. 教学内容分析

20 世纪晚期，随着高新技术的迅猛发展，世界经济的全球化趋势明显加强。这种趋势加强了世界各国的经济联系，是世界日益走向一个整体的表现，对世界经济格局、政治格局和人们的观念都产生了重要影响。

新航路的开辟开启了经济全球化的进程，第二次世界大战以来，特别是 20 世纪 90 年代以来，经济全球化的速度明显加快。经济全球化是一把双刃剑，特别对于发展中国家而言，既是机遇也是挑战。在经济发展过程中出现了一系列重大问题，要解决这些问题，需要人类来共同面对。

2. 学生情况分析

经济全球化对生活的影响，学生通过电视、网络和日常生活可以亲身感受，但对经济全球化的概念及其作用认识不够。如何通过本课的学习使学生了解经济全球化的表现及其在生活中的实例很有必要。

3. 教学方法

教师讲授、学生体验与探究相结合的教学方法。

4. 教学准备

（1）教师准备：搜集文字、图片、视频资料，制作 Powerpoint 课件；

（2）学生准备：课前去商场、超市调查各种品牌商品的情况。

新课程历史怎么教

四、教学目标设计

1. 知识与能力

通过对本课的学习，学生能够了解世界经济的全球化趋势的表现、影响等基本史实；通过对经济全球化加速发展原因趋势的分析，提高分析问题的能力。

2. 过程与方法

借助图片、文字引导学生了解经济全球化的表现，探讨经济全球化趋势加强的原因；讨论、回答经济全球化对发展中国家的影响及应对挑战的策略，掌握客观评价历史问题的方法。

3. 情感态度与价值观：

通过本课学习使学生理解世界经济全球化是现代科学技术、生产力发展的必然结果，各国应该积极应对；树立全球意识和责任意识。

五、教学重点和难点

1. 重点：世界经济全球化的表现。
2. 难点：正确认识世界经济的全球化趋势的影响。

六、教学过程与教学资源设计

课堂导入：

师：PPT 演示图片《各种品牌》。

说一说：琳琅满目的品牌你都知道哪些？（分别从服装、饮食、通讯工具和汽车来说）

生：谈谈自己知道的品牌。

师：生活在现代社会中的人们无时无刻不在受到全球化的影响，商

114

店里的耐克运动服其实不一定产自美国；一台惠普电脑的部件很可能来自美国、中国和新加坡；一部诺基亚全球通手机，已经能够在最短的时间内把世界各地的人连在一起。今天我们一起来学习第17课。（板书课题《世界经济的全球化趋势》，进入新课）

（一）经济全球化迅速发展的条件和原因

师：在我们之前的学习中哪一个事件打破了世界各地区、各民族之间相对隔绝的状态，为世界市场的形成创造了重要条件？（出示《新铁路开辟》图片）

生：新航路的开辟。

师：介绍世界各国间经济联系不断增强的重大事件。（出示《经济全球化的历程》示意图）

19世纪前期，工业革命极大地提高了生产力，资本主义各国加紧对亚非拉国家和地区进行殖民掠夺，世界市场初步形成。19世纪70年代至20世纪初第二次工业革命进一步推动生产力发展，资本主义国家掀起瓜分狂潮。二战后，第三次科技革命兴起，世界各国经济合作进一步加强，世界格局向多极化发展。

师：古人能轻易地得到国外生产的物品吗？为什么他们没有感受到经济的全球化呢？

生1：不能，以前交通不发达。

生2：古人与外界交流不多，科技水平低。

师：进入20世纪90年代，经济全球化的趋势大大加强了，为什么20世纪经济全球化会迅速发展呢？

生1：科学技术发展了。

生2：交通方便快捷。

生3：通讯发展快速、网络发达。

师：科学技术的发展促进了生产技术的不断更新，生产力迅速提高，它使交通方便快捷、通讯发展快速、网络时代到来，所以科学技术是经济全球化的根本动力。

（二）世界经济全球化趋势的含义

师：经济全球化趋势指不同国家、地区之间在经济方面突破国界限制，实行程度不同的合作与调节，使各国、各地区的劳务、技术、资金在全球范围内流动和配置，相互依赖、相互联系，世界经济逐渐形成一个整体的趋势。

（三）经济全球化的表现

师：单词 Airbus 是什么意思？（多媒体出示《空中客车》图片）

生：空中客车。

师：空中客车（Airbus）是世界上最先进、舒适、可靠的民用客机。乘客身处其中，如同在空中（Air）乘坐"客车"（Bus），这是它得名的来由。空中客车的制造和设计主要是由来自法国、德国、英国、西班牙的宇航公司共同承担。另外，包括北美洲几百家供货商在内的1000多家供货商中的约10万人也参与了空中客车飞机的制造。全球目前正在运营中的3700架空中客车中，将近半数的飞机已经装配有中国制造的零部件。

师：为什么一架飞机要由许多国家生产？

生1：可以节约资源。

生2：充分发挥各国的优势。

师：一个产品由多个国家共同生产，有利于世界各国充分发挥各自的优势，节约社会资源和劳动，促进资源的合理配置。这就是经济全球化的一个主要表现：

1. 生产全球化

师：还有哪些例子说明生产全球化？（出示福特汽车图）

目前，福特在世界各地30多个国家拥有制造、装配企业。销售网遍及6大洲，200多个国家和地区，经销商超过15800家。

师：出示材料，思考从材料中可以获取哪些信息？

材料：从1989年到2001年，国际贸易年均增长6.1%，比世界经济增速高出2.5个百分点；世界货物贸易额增长1倍，全球跨国直接投资增长2.8倍。

生：国际投资和国际贸易迅速增长。

师：这就是经济全球化的第二个表现：

2. 贸易全球化

师：在世界贸易往来的过程中，一些问题逐渐突显。（出示对话材料）

材料：下面两位同学分别代表来自发达国家和发展中国家的人，他们两人办厂时遇到了各自的困难，你看怎样才能解决他们的问题。

生1（代表发达国家）：我们有技术和资金，可我们这里劳动力太贵，又缺乏资源。

生2（代表发展中国家）：我们这里资源丰富，劳动力也多，可我们技术落后，也缺乏资金。

师：发展中国家和发达国家的两人办厂时遇到了各自的困难，怎样解决？

生1：合作。

生2：发达国家到发展中国家办厂。

生3：发展中国家的人到发达国家去工作。

师：发达国家利用自己的资金、技术优势直接到发展中国家投资办厂；发展中国家也应积极参与国际合作，招商引资，使丰富资源得到有效开发，实现劳动力充分就业。通过经济合作，实现资金、资源、技术、劳动力优势互补，使不同国家经济共同发展。

师：经济全球化的第三个表现：

3. 资本全球化

师：随着国际分工日益成熟，跨国公司成为主体。（出示材料）

材料：20世纪末，全世界的跨国公司有6万多家，它们创造了全世界国民生产总值的 40%，贸易额的 60%，对外投资的 90%。

师：材料说明什么？

生 1：跨国公司越来越多。

生 2：跨国公司发挥的作用越来越大。

师：跨国公司在经济全球化的发展中有着重要作用，它不仅跨国，而且跨集团，力图在全球范围内开展业务。跨国公司集聚了雄厚的资本，控制着高端技术，占据了本行业世界市场的主要份额，成为最活跃的力量。

师：你知道世界十大跨国公司都有哪些吗？（出示世界十大跨国公司）

师：跨国公司在经济全球化中扮演主角，其中有没有我们中国的企业呢？

生：海尔、康佳、联想、中信、中石油、中石化等。

师：（出示中国企业图片）据权威部门统计，中国企业累计在境外已办起 6200 多家企业，对外投资总额 74 亿美元，遍布全球 160 多个国家和地区。这些企业同国际上有实力的跨国公司还有相当大的差距，还只是处于发展中国家企业国际化的初级阶段。

4. WTO 推动经济全球化发展

师：为了适应经济全球化的发展趋势，保证世界经济贸易往来更加有序，1995 年成立了世界贸易组织。（出示世贸组织标志及简介）

师：世界贸易组织（World Trade Organization，英文缩写为 WTO）成立于 1995 年 1 月 1 日，其前身是关税和贸易总协定（GATT）。其总部在瑞士日内瓦。WTO 是世界上最大的多边贸易组织，目前已经拥有 137 个成员，成员的贸易量占世界贸易的 95% 以上。被称为"经济联合国"，对于国际贸易的发展起着决定性作用。

世界贸易组织的基本原则：非歧视性原则、关税减让及透明公平原则等。

宗旨：帮助其成员开展平稳、自由、公平的贸易，促进世界经济和贸易的有序发展。

主要职能：监督执行贸易协定；解决成员国贸易争端；帮助发展中国家。能够促进世界经济公平、自由、有序发展。

（出示 WTO 成员国分布图片，引导学生观察体会 WTO 推动世界经济全球化发展。播放中国在 2001 年加入世贸组织视频。）

师问：为什么中国要加入 WTO？（出示材料）

材料1：邓小平同志早就指出："中国的发展离不开世界"。经济全球化对发达国家和发展中国家在收益和风险上并不均等，但发展中国家若不想长期落后、被动挨打，就必须顺应潮流，积极融入经济全球化。加入世贸组织，中国不仅有分享经济全球化成果的权力，还能够参加制定有关规则，在建立国际经济新秩序中把握主动权。可以加快我国改革开放的步伐，增强国力。

材料2：中国作为世界上最大的发展中国家，入世后，其巨大的需求潜力将转化为现实的购买力，为全球提供一个诱人的大市场。目前，与世贸组织成员间的贸易额占我国外贸总额的 90%，来华落户的跨国公司多来自世贸组织成员。世贸组织几任总干事先后在不同场合表达过相同的意愿：WTO 亟须中国带来新的生机和平衡。

师：材料中的重点语句是什么？体现出什么内容？

生1：中国的发展离不开世界。

生2：世界需要中国的参与。

师：材料体现出中国需要世界，入世是我国融入世界经济主流最有效的途径，中国如不加入 WTO，就会逐渐被排除在世界经济主流之外。由于我国的贸易伙伴基本上是世贸组织的成员，因此无论是否入世，依然要受其影响，与其被动接受别人制定的规则，不如主动加入，参与世界贸易规则的制定和修改过程，最大限度地利用国际资源。而世界也需要中国。

（四）世界经济全球化的影响

师：随着经济全球化趋势的不断加剧，经济全球化对世界的影响也越来越大。经济全球化有什么样的作用？

1. 积极影响：促进世界经济发展。

师：（出示漫画）体现了怎样的状况？

生1：钱都被发达国家吸走了。

生2：经济全球化有好处也有坏处。

师：现阶段经济全球化实质是以发达资本主义国家为主导的，发达国家具有经济和技术上的优势，掌握着推动经济全球化趋势的现代信息技术，因此，主导着世界市场的发展，左右着国际经济的游戏规则。

师：对发展中国家来说呢？（出示图表《中国外贸进出口总额》）

生：数值逐年增长。

师：经济全球化对发展中国家引进外资和先进技术、参与国际竞争、增加就业、发展本国经济是一个良好的机遇。

师：经济全球化在有利于经济发展的同时，有没有什么不利的影响？

生：小组讨论。

2. 消极影响

师：（出示材料）从材料中可以得到哪些信息？

材料一：耐克鞋：美国耐克公司只负责设计、选厂、监制和销售，而将产品的生产加工包给许多发展中国家（包括中国）的企业，它在世界各地有40多家工厂。一双耐克鞋，生产者只能获得几美分至几十美分的收益，而耐克公司却能获得几十甚至上百美元的利润。

生1：耐克公司自己设计，但在其他地方生产。

生2：公司掌握核心技术，能获得最大利润。

生3：负责生产的厂家获得的报酬很少。

材料二：中国进出口贸易中55%是外资，其中高科技出口的87%是外资，轮胎行业80%是外资，汽车零部件行业75%是外资，整车品牌的80%和销量的90%是外资或合资。

生：中国自产的汽车数量少。

师：发展中国家在资金、技术上对发达国家有依赖性，在与发达国家的经济交往中，处于不利地位。全球化使更多的价廉物美的外国商品进来，国内很多生产同类商品的企业可能面临淘汰的危险，工人工资可能要降低，甚至要失业。

材料三："某些发达国家向发展中国家转移污染工业"图片。

师：发达国家为减少对本国的污染，把高耗能、重污染的工业向发展中国家转移，给发展中国家的环境造成极大的污染。

材料四：反全球化图片。

师：由于经济全球化的一些负面影响，有些地方出现了反全球化的示威游行。

（五）感悟全球化

师：请同学们讨论，经济全球化对于发展中国家来说是把双刃剑，既带来机遇，又存在挑战，面对着种种不利的局面，发展中国家应该采取什么样的态度和应对措施？（出示小故事）

小故事：在一次盛大宴会上，来自中国、法国、俄国、德国、意大利、美国的贵宾聚集一堂，各国来宾纷纷夸耀自己国家的文化。他们拿出本国的国粹——酒来彼此相敬，中国人拿出古色古香的茅台，瓶盖一开，沁人心脾，举座皆惊，俄国人拿出伏特加，法国人拿出大香槟，意大利人拿出葡萄酒，德国人拿出威士忌，只有美国人两手空空。（你猜他拿出了什么？）

师：只见他不慌不忙地走上前来，把各国的名酒兑在一起，举杯相敬，说：这就是我们美国的酒——鸡尾酒。

师：说一说这个故事给我们的启示是什么？

生1：国家要发展应该借鉴其他国家的优点。

生2：要积极参与国际交往。

生3：要顺应全球化趋势。

师：闭关自守是不行的，应该博采众长，必须融入到全球化的大趋势之中。

师：我们发展中国家应采取什么措施来应对经济全球化？

生：积极参与，抓住机遇。

师：必须对全球化带来的巨大风险和安全问题有充分的认识，积极采取各种措施趋利避害，防范风险，增强自主创新能力（无论是企业还是在我们的学习中）。

师：当今世界格局已形成"你中有我，我中有你，相互依存，相互竞争"。我们中国在国际竞争中取得了哪些成就？

生1：海尔公司。

生2：联想公司。

师：（出示海尔公司、联想公司的图片）

师：中国在国际竞争中顺应经济全球化发展趋势，经济迅速发展。其中海尔公司成功突出重围，请看材料。

材料：目前，海尔已建立起一个具有国际竞争力的全球设计网络、制造网络、营销与服务网络。美国、意大利、摩洛哥等地已建立了13家工厂，在全球大部分地区实现了设计、生产和销售本地化。海尔产品已打入欧洲15家大连锁店中的12家，以及美国10大连锁店中的9家，销售量正成倍增长。

师：今年来中国更多地参与到世界发展大潮中，中国加入和举办亚太经合组织成员领导人会议，举办世博会就是积极参与经济全球化进程最好的典范。我们要有充分吸收世界经济的营养，为我所用，这样才能在经济全球化中更好的发展，真正挺立在世界民族之林。让我们再次共同感悟全球化，请欣赏一组图片。

（配音乐：《We are the world》（四海一家））

师课堂小结：We are the world，四海一家，我们要创造辉煌灿烂的明天，让我们奉献，这才是我们的选择，我们正在拯救我们自己，要创造一片新天地，全靠我和你。今天我们了解了世界经济全球化趋势的表现、含义、原因和影响。作为地球村的一员，我们要顺应全球化的发展趋势，加强合作，关注人类自身，也关注和保护我们的地球。

附件

教学流程图

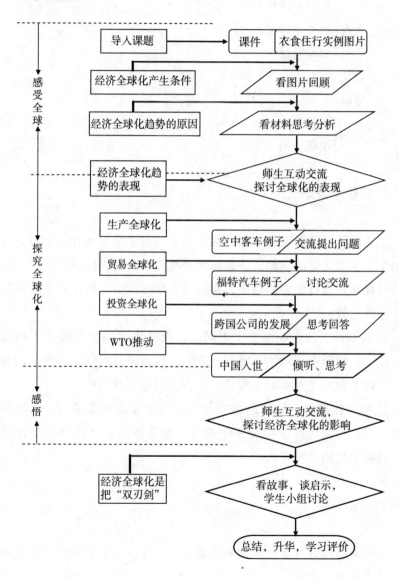

七、板书设计

第十七课　世界经济的全球化趋势

一、表现 { 生产全球化
贸易全球化
资本全球化

二、含义

三、原因

四、影响 { 积极影响
消极影响

八、教学反思

本节课体现了新课程理念，注重学生的自主学习和合作学习，注意调动学生学习历史的兴趣。注意将历史地图引入历史课堂教学中。注重情感教育和正确价值观的培养，重视培养学生能力，但还有许多需要进一步探讨之处：

1. 针对性欠缺。在课堂中不同班级反映出对经济全球化不同的了解程度，在教学中针对性不够强，在以后的教学中可以加入课前问卷调查，提前掌握学生对本课了解情况，备课时更有针对性。

2. 学生在课堂中的讨论比较充分，但课前的准备活动、搜集资料不足，可以提前组织学生分小组调查、搜集资料，结合身边生活谈感受，增强学生的参与意识。

九、点评

本节课在设计时紧跟历史新课程改革，体现了新课标精神并有所创新，其突出特点有：

首先，注重学生的自主学习和合作学习。通过指导学生分组搜集各种品牌，讨论各种材料提供的信息等活动，让学生主动参与整个教学过程，充分发挥了学生的主体作用。

其次，注意调动学生学习历史的兴趣。课上通过播放视频片断《中国加入世贸组织》；通过展示一系列有关世界经济全球化的图片和文字材料；通过讨论世界经济全球化的影响等手段，极大的提高了学生学习历史的兴趣。

第三，重视培养学生能力。通过指导学生解析相关材料，培养学生利用史料提取有效信息和分析、解决具体问题的能力；通过"全球化的启示"开放式问题的思考和讨论，培养学生针对开放性问题，进行一定深度的分析、探讨、并发表自己的观点的综合归纳能力；通过讲述海尔公司的小故事，让学生参与历史教学，树立榜样，提高学生口头表达能力。在学法指导上，通过实施分组讨论来训练学生的独立探究与合作学习的能力。

9. 将实践引入历史课堂，开展活动与探究

一、课题

北京版 历史第二册 第三十一课 社会生活丰富多彩

二、教学指导思想与理论依据

1. 指导思想

本课主要讲述改革开放前后社会生活的变迁。新课程标准对本课的要求是：以人们衣、食、住、行、用等方面的变化为例，说明改革开放

对人们生活方式所产生的影响。

2．理论依据

近年兴起的建构主义和人本主义学习理论都强调教学要以学生为主体。根据建构主义和人本主义学习理论，在教学中我以学生为中心，让他们自主学习，合作学习、互相交流，互相展示，并最终形成对社会生活变迁的正确认识。

三、教学背景分析

1．教学内容分析

党的十一届三中全会以后，中国实现了伟大的历史转折，开始了社会主义建设的新时期。改革开放是具有划时代意义的科学决策。本课主要介绍新中国成立后，特别是改革开放以来，中国城乡居民的生活发生了巨大变化，人们的生存状态发生历史性巨变，社会生活不断在发展和进步。

2．学生情况分析

本课内容与学生的生活紧密联系，通过课前向长辈访问调查和搜集资料活动可以对改革开放前后衣食住行的变化有所了解，但学生对社会生活发生变化的原因，身边事与历史发展的联系等问题理解上存在困难。

初一学生年纪偏小，认知水平有限，对理论知识不感兴趣，但喜欢参与，爱表现自己。对于自主学习模式已经比较熟悉。

3．教学方法

本课采用合作实践法、资料展示法、多媒体师生互动法。

4．教学准备

（1）教师准备：搜集文字、图片、视频资料，制作 Powerpoint 课件。

（2）学生准备：分成 5 个小组搜集有关社会生活变迁的历史材料，及对父母等长辈进行社会调查；每组根据资料的收集整合分别制成 PPT 课件，课前全班展示和小组展示；思考社会生活变化给我们的启示，课上交流。

四、教学目标设计

1. 知识与能力

了解改革开放前后，人们在衣、食、住、行、用等方面发生的巨大变化；学生通过查找资料和小组展示，提高搜集整理信息和分析对比的能力；通过探讨变化背后的原因，培养透过现象看本质的能力。

2. 过程与方法

指导学生通过查找相关的文字、图片、实物资料、访问长辈，并进行整理展示，经历自主探究历史的过程。采用分组学习，从而提高学生学习历史的兴趣，掌握合作探究的方法。

3. 情感态度与价值观

通过本课学习使学生认识到人们生活水平的不断提高和进步，感受到改革开放对人们生活方式所产生的影响，理解这是社会的进步。进而增强学生为国家发展和民族进步做出贡献的责任感，提高学生坚持改革开放的信心。

五、教学重点和难点

1. 重点：改革开放以来，人们在衣、食、住、行方面的巨大变化。
2. 难点：改革开放以来，社会生活变化的原因。

六、教学过程与教学资源设计

课前准备：（播放歌曲《好日子》）

课堂导入：

师：（提问）20世纪的中国经历了两次剧变，大家知道是哪两个事件吗？

（PPT演示图片《开国大典》、《人民日报对十一届三中全会召开的

报道》和《邓小平》)

生1：1949 年 10 月 1 日开国大典。

师：新中国成立，随着 1949 年 10 月 1 日毛泽东在开国大典上宣布新中国的成立，中国人民从此站起来了，成为国家的主人。

生2：1978 年十一届三中全会召开。

师：第二次剧变是在 1978 年，中共召开了十一届三中全会，做出了改革开放的伟大决策，自此经历了十年浩劫的中国重新发展起来，人民也开始走上富裕的道路。

新中国成立后，人民的生活水平逐步提高，特别是改革开放以来，人们在衣食住行各方面都发生了前所未有的巨大变化，到 20 世纪末，我国在整体上进入了小康社会。今天，就让我们跟随小楠一家从不同角度来感受改革开放以来祖国建设取得的巨大成就。(板书课题《社会生活丰富多彩》进入新课)。

(一) 衣

第一幕表演：女儿和妈妈在服装店的对话。

师：有人说，服装是一种记忆，也是一幅穿在身上的历史画卷，它的变化记录着社会政治、经济及文化的变迁。

新中国刚成立时，人们的服装上还保留着民国时期的样式。20 世纪三四十年代在广大解放区流行"列宁装"（展示列宁装图片）。列宁装因列宁在十月革命前后常穿而得名，本是男装上衣，却在当时的中国演变出女装，并成为革命"时装"。它的外观是西服领、双排扣、双襟中下方均带一个暗斜口袋。

师：请大家看图描述一下照片中人物的装束。

生1：穿列宁装、留短发是那时年轻女性的时髦打扮。

生2：看上去既朴素干练又英姿飒爽。

师：所以它具有中西合璧的鲜明特点，另外属于中西合璧的产物还包括中山装和旗袍。

师讲述：中山装，是以中国革命先行者孙中山的名字命名的，（展示中山装图）综合了西式服装与中式服装的特点。其实孙中山设计这件衣服还有一些深刻的含义，你知道是什么吗？

这件衣服中蕴含的政治理念是：其一，前身四个口袋表示国之四维（礼、义、廉、耻）；其二，前襟五粒纽扣代表五权分立（行政、立法、司法、考试、监察）；其三，袖口三粒纽扣表示三民主义（民族、民权、民生）。

在孙中山先生的倡导下，当时的革命党人以身着"中山装"为荣，也正因为革命领袖和革命干部都穿中山装，新中国成立后，全国人民便以这种服装来表达对新时代的热爱。于是中山装成为新中国一款标志性的服装。在我们文化血脉的传承中，有中山装深深的烙印，它是近代以来反封建的成果，代表着人权思想、革命精神和民族复兴精神。

师讲述：旗袍，起源于满族服饰（展示满族旗袍图片）。1911 年辛亥革命风暴骤起，推翻了满族统治者，摧毁了中国历史上最后一个封建王朝，服装走向平民化、国际化，旗袍由此卸去了传统沉重的负担。旧式的旗女长袍被摒弃，新式旗袍则开始酿成。

建国之初，人们对衣着美的追求已完全转化成了对革命工作的狂热。旗袍所代表的悠闲、舒适的淑女形象在这种氛围里失去了其生存空间。（展示 50 年代的旗袍图片）50 年代，在人民当家作主的时代，如果说服装也有流行的话，那流行的主导已转向平民。这时出现的旗袍比以往增添了健康自然的气质。符合当时"美观大方"的标准，而且更为实用。

师：请大家看清朝的旗袍与 50 年代的旗袍，对比有哪些不同？

生 1：满族旗袍主要特点为宽大、平直，衣长及足。

生 2：满族旗袍材料是用绸缎，衣上绣满花纹。

生 3：50 年代旗袍颜色变淡，是布做的，袖子短了。

师：颜色由鲜艳变朴素；质地由绸缎变为布料；袖子从宽到窄，从长到短；下摆从长到短，随着时代的变迁而变化。现在的旗袍无袖，更为合体、漂亮。

旗袍的变化体现了民族文化的传承。在此之后服装又有哪些变化呢？请第一组同学给大家说一说。

生：服饰组展示搜集的资料。

60 年代初期，是新中国历史上最艰苦的时期，由于三年自然灾害，1959 年到 1960 年棉花大幅减产，棉布定量为每人 21 尺。人们买服装、棉布和日用纺织品都要凭布票，为了尽可能地节约，购买服装的标准是耐磨和耐脏，灰、黑、蓝色成为街头流行色，千篇一律、季节不分、男女不分的服装样式也更通行了。

"文化大革命"时，青少年喜欢穿一身草绿色的军装，头戴草绿色军帽，肩挎草绿色书包。当然，艰苦朴素还是那时的关键词。当时的顺口溜是这样说的："新三年，旧三年，缝缝补补又三年。"

改革开放以来，服装的花色、款式更加多样化，面料、质地也发生了很大的变化。现在，服装越来越个性、时尚。

师点评：刚才服饰组同学通过深入调查，较好地展示了调查成果，分析总结得比较得当。（出示材料《改革开放前后人民服饰结构变化表》）

师：从这张表格中，我们可以得出什么结论？

生 1：改革开放以前，人们的衣着色彩和样式单调。

时期	流行服装	衣着用料	衣着款式	衣着色彩	制作方式
建国以后	列宁装、中山装、旗袍、布拉吉裙	棉布	简单、朴素	深色，单一	多数是自己缝制或请人制作
"文革"时期	绿军装，流行语："新三年，旧三年，缝缝补补又三年"	棉布、化纤	单调、传统	类似；蓝灰黑	多为自己缝制或请人缝制

时期	流行服装	衣着用料	衣着款式	衣着色彩	制作方式
改革开放后	80年代：喇叭裤、蝙蝠衫、红裙子 90年代：休闲服、牛仔裤 现今：个性、品牌，中国服装走向世界	精制棉麻、化纤、呢绒丝绸等	多样、时尚、个性化	绚丽多彩	购买成衣；品牌服装

生2：以前的衣服主要是布料，大都是自己缝制。

生3：改革开放以后人们衣着的特点是：丰富多彩。

师：服饰的变化表明，在当今社会，服饰不仅仅是遮羞御寒的工具，更是人们展示个性、显示风度的一种方式。

师：现在请同学们思考这样一个问题，改革开放前后，人们衣着的变化说明了什么？想一想变化的原因？

生1：改革开放前是由于经济发展水平较低，商品供应严重匮乏。

生2：改革开放后是由于国民经济发展，人民收入的增加了。

生3：思想观念转变。

师：服饰的变化是人们生活质量提高的一个表现，它以经济的发展为前提，同时也反映了人们的思想观念也随着时代的变化而变化着。但是现在的学生应穿着大方得体，尽量穿校服、运动服，切忌奇装异服和互相攀比。

师：改革开放前，"大跃进"、"人民公社化"后三年经济困难时期的人们不但"穿"得单调，"吃"的水平也很低，营养严重不足。有些地方有些年份甚至难以果腹，只好以野菜、粗粮充饥。所谓"民以食为天"，近二十年人们在"吃"的方面有何变化呢？

（二）食

第二幕表演：爷爷、奶奶和孙女在厨房的对话。

生：（饮食组展示PPT资料）

根据我们的调查显示，20世纪50年代末60年代初，居民每天只能凭粮票、肉票、菜票领取有限的食粮，七八十年代，百姓都挖窖储藏萝卜、白菜、土豆等蔬菜，粮食以粗粮为主，改革开放后，大米等精细口粮成为人们的主食，蔬菜种类日渐丰富，90年代营养搭配、绿色食品、膳食平衡成为百姓饮食"主旋律"。

经过调查，我们的结论是：改革开放前，人们的食物匮乏、单调、营养不足，改革开放后，人们的吃饭问题基本解决，不但能吃饱还要吃好，讲究营养均衡，粗细搭配。

师：第二组同学搜集的资料非常全面，调查很有针对性。

师：出示资料，介绍恩格尔系数。

根据恩格尔系数判定生活发展阶段的一般标准是：食品支出占消费支出的比重：60%以上为贫穷；40%－50%为小康；40%以下为富裕。

我国的数值变化：

年份	1957	1978	2001
收入（元）	222	343	12086
食物比例	65%	57%	38%

师：我们可以从中看出什么变化？

生：由贫到富。

师：为什么会有如此的变化呢？

生1：改革开放，政策好了。

生2：国家经济发展了。

生3：人们生活富裕了。

师：现在好吃的东西越来越多。人们的饮食从吃不饱到吃得饱，再到吃得好，吃得健康。这种变化的主要原因在于改革开放政策的实施，农村社会生产力解放，社会主义市场经济发展，农业、畜牧业和养殖业的现代化等。

师：请同学们思考一个问题：过去人们吃的野菜，窝窝头，今天吃起来好像味道很不错，为什么还要说过去的生活不好呢？

生：小组讨论。

生：同学们发表个人见解

生1. 以前是没得吃，没有办法。

生2. 现在吃得好了，出现了"富贵病"，想吃清淡点。

生3. 现在大家都注重营养搭配了。

师：过去人们食物匮乏，只有野菜和粗粮，人们为解决温饱无从选择。现在食物供应丰富，人们不但要吃饱，还要吃好。人们讲究营养均衡，粗细搭配和选择绿色食品。同学们正处于长身体的年龄，希望大家养成一个良好的饮食习惯，不偏食，不挑食。记住"谁知盘中餐，粒粒皆辛苦"的古训。

人们常说，我们现在吃得好了，穿得好了，住得也好了，改革开放以后，我们的居住条件得到了怎样的改善呢？

（三）住

第三幕表演：女儿和妈妈在客厅的对话

生：第三组展示"住的变奏曲"。

改革开放前，人们的居住条件较差，1978年人均居住面积，城镇只有3.6平方米，农村是8.1平方米。改革开放后，在中国经济迅速发展的十几年里，中国的城市面貌和百姓住房条件都发生了极大的变化。到2000年，人均居住面积，城镇超过了10平方米，农村超过24平方米。2009年1月，城镇人均居住面积约22平方米，农村是27平方米。不仅人均居住面积扩大而且室内装修和居住环境也有了明显改善，一个又一个的花园小区建成。

今天，人们居住的选择更多了，有高层住宅区，有复式楼，有花园小区，甚至还有单门独院的特色别墅。随着人们生活水平的提高，装修也成为热点，风格多样的装修丰富了我们的生活，也体现了人们生活品位的提高。

师：居住组的同学为我们介绍了改革开放前后人们的居住条件和环境的变化，改革开放以来，我们的住房面貌一新，面积由小变大；生活设施由贫乏到齐全；居住环境更加整洁和优美。

师：（出示城市和农村人均住房面积图表）

师：请同学们说说你家的变化。

生1：房子变大了。

生2：家具添置了新的。

生3：以前住平房，现在住楼房了。

……

（四）行

第四幕表演：女儿和父亲的对话。

生：交通出行组展示。

（大屏幕演示关于交通工具的一组图片）

刚才大家看到了建国以来交通工具的变化，改革开放前，农村靠畜力和步行，城市靠公共汽车和自行车，改革开放后，特别是20世纪90年代以后，乘出租汽车和开私家车的人多了起来，除此之外，我国铁路、公路和航线的增长都很快，人们在繁忙的工作中发现出行的来回行程已缩短，道路也变得越来越通畅了……假日旅游增多，选择也越来越多。

师：（出示材料）

[情境对比]：据记载，当年文成公主从长安入藏，走了近3年。如果让你护送文成公主入藏，改革开放前后你分别会用何种方式，各需多长时间呢？

生1：改革开放前，通过公路开车走，要十几天。

生2：改革开放以后通过坐火车要两三天。

生3：还有飞机，只要几个小时。

师：1954年，被称做"世界屋脊上的苏伊士运河"的青藏公路竣工，公路修通后，大约需要十天。2001年，被誉为"天路"的青藏铁路正式开通，大约用两天时间可到达拉萨。而空中之路开通后，从北京飞抵拉萨，只需4个多小时。对于越来越多想了解西藏的人来说，西藏这块神秘的土地已近在咫尺。交通事业的发展，使西藏与内地及世界的联系更加紧密方便。

改革开放以来，科技发展迅速，人们的生活理念不断更新，促进了交通条件的改善，极大地促进了经济的发展，方便了人们的生活，提高了人们的生活质量，但随之而来的是严重的环境污染和交通堵塞问题。我们要增强环保意识，尽量乘坐公共交通出行。

（五）用

（第五幕表演：孙女和爷爷在书房的对话。）

师："用"往往能够体现一个家庭的生活水平。这些年来，我国人民在"用"的方面究竟发生了什么样的变化呢？请下一组带领大家从"用"的角度，认识家庭、社会生活的变迁。

生：第五组展示。

半导体收音机在20世纪70年代可算是家庭的高档消费品。听父辈们说，当时半导体收音机是了解外面世界的重要渠道，也是他们业余时间的娱乐用具。

70年代末80年代初，只有黑白电视，一般是12英寸或14英寸的。现在商场的彩电柜台，彩色电视机品种齐全，有平面直角的，有数字的，有等离子的，还有背投液晶的……在我们的家中，一般都有两台以上的电视，以满足大家的不同需要。

随着高科技的发展，电脑也在逐渐地走入寻常百姓家。电脑可真是无所不能，今天各行各业都离不开电脑了。在学习中，电脑给予了我极大的帮助。轻点鼠标便可游历大千世界，这时我又不禁感慨：世界变小了！

师：第五组同学展示得非常好，为他们鼓掌！除此以外，人们的休闲生活也更加丰富，比如健身、美容、唱歌、旅游等等。

师：归纳建国以来在社会生活各方面的变化情况。

衣食住行的变迁
{
衣：灰暗单一→绚丽多彩
食：单调匮乏→丰富多样
住：拥挤简陋→宽敞明亮
行：落后不便→四通八达
用：供不应求→应有尽有
}

师：课前大家都进行了准备，来说说你们在课前是怎样搜集资料、访问调查的？

生：介绍查找资料、调查访谈、整合资料和制作课件的过程。

师：大家从变化中有哪些认识？你的感受是什么？

生：谈感受。

师：通过今天这节课的学习，我们可以深切地感受到，历史离我们并不遥远，身边所发生的事就是历史。同学们通过课前调查和课上交流探讨掌握了查找资料的方法，经历了一个史学家研究历史的过程。

师：展示图片并小结，改革开放政策给我们的国家，给我们的每家每户带来了巨大的变化，中国从温饱阶段发展到小康社会。与此同时，还有极少数地区未达到温饱，各地区的居民社会生活在质量上还有一些差距，还需要一些时间和措施来解决这些问题。我们平时还是应该不忘艰苦朴素，勤俭节约，保护环境。

师：（播放视频《国家》）

师结语：在世界的国，在天地的家，有了强的国，才有富的家，个人的生活和命运与祖国息息相关，在国家政治、经济、科技的不断发展和人民群众的共同努力之下，我们才有了今天的幸福生活。祖国未来的命运掌握在同学们手里，你们肩负着为国家发展、民族进步做出贡献的使命和责任。相信通过大家的努力，祖国会越来越富强，人们的生活也会越来越美好！

附件一

教学流程图

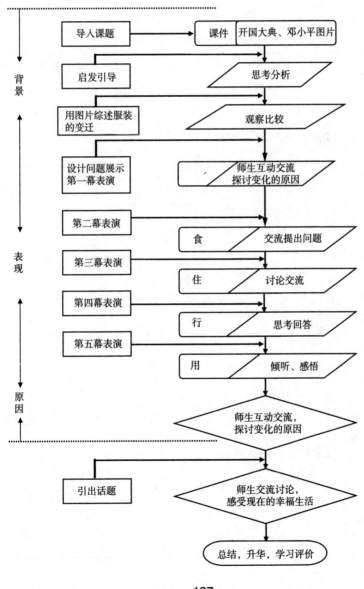

137

附件二

评价量规

《社会生活丰富多彩》学生课堂学习小组评价表

姓名_____ 班级_____

学生自评_____ 师评_____ 总分_____

评价项目	评价标准	评价等级		
		A级 (8~10分)	B级 (5~7分)	C级 (1~4分)
课前准备 (40分)	目标明确，分工有序			
	调查与搜集的资料丰富			
	对材料进行较好的整理和利用，能够解决核心问题			
	展示的设计合理（明确，全面）			
课堂表现情况 (20分)	认真听课，积极与小组成员交流思想，并发表自己的意见			
	按照教材进度，在自主学习时间，认真观摩案例，并提出自己的问题与观点			
历史小报的制作情况 (10分)	版面设计美观，内容丰富			
综合评价				

七、板书设计

第三十一课 社会生活丰富多彩

衣食住行的变迁 {
衣：灰暗单一→绚丽多彩
食：单调匮乏→丰富多样
住：拥挤简陋→宽敞明亮
行：落后不便→四通八达
用：供不应求→应有尽有
}

八、教学反思

本节课体现了新课程理念，注重学生的自主学习和合作学习，注意调动学生学习历史的兴趣；注重情感教育和正确世界观的培养，重视培养学生能力，但还有许多需要进一步探讨之处：

1. 本课内容与学生的生活紧密联系，通过课前向长辈访问调查和搜集资料活动可以对改革开放前后衣食住行的变化有所了解，但学生对社会生活发生变化的原因，身边事与历史发展的联系等问题理解上存在困难。在课堂上引导学生解决问题的方式还不够灵活，需要在今后的教学中不断摸索，继续研究。

2. 在教学过程中存在时间把握的问题，应更好地分配每一环节的时间，避免前面较松，后面紧张。

九、点评

本课与学生实际生活联系紧密。

以上设计，将学生的参与热情最大限度地激发出来，比单纯的讲述效果好得多。通过这一课的教学，可以深切地感到，在新课改的大背景下，教师的教学方式必须改变，学生的兴趣必须提高，将自主合作探究式学习方法引进历史课堂是转变教师教学方式、调动学生学习历史兴趣的最好方式。历史学科所具有的独特性质，使得课堂容量大、内容丰富，但可能调动不了学生的积极性，通过本课的课上活动，有利于拉近学生与历史之间的距离，在很大程度上不仅活跃了课堂气氛，还可以培养学生的探究精神，培养历史学习的兴趣，可谓一举多得。

下　篇

课程标准与历史教师专业化发展

　　在中小学教师中，不乏钻研教材、研究学生、尝试各种教学方法、探究教学策略的优秀教师。如何教得更好？如何教得更有意思？是每一位教师的追求目标。为了满足学生的学习需要，赢得学生的喜爱，教师在教学过程中自始至终要从事探究活动。

1. 教师即研究者

　　课程标准更关注学生的个体发展，与此相应教师应尊重学生的人格，关注个体差异，满足不同需要，研究与掌握学生的心理发展规律，寻找适合学生的教学策略与模式。因此，教师的教学过程包含了教师对学情的调查和研究过程。

（1）创设探究学习的教育环境

在教学实施中，教师最具创造性的工作是设计能引导学生主动参与的教育环境。通过教师精心设计的"研究性问题"，激发学生学习热情，培养学生学习能力，使每个学生都能得到充分发展。下面是历史教师创设的探究学习的经典案例：

美国的诞生

初中的学生年龄偏小，对于理论知识不感兴趣，所以教学以华盛顿的画像引入，随后将学生分为三组，分别讨论英属北美殖民地的发展，来克星顿枪声和《独立宣言》的发表以及独立战争的胜利。通过学生的课前预习，排演小剧，制作PPT和查找资料等方式，经过老师的引导，最后在课堂讨论中，学生很快地掌握了以下知识：独立战争的原因，经过，对华盛顿的评价，美利坚民族的形成，独立战争的双重性。

对于像美国的诞生这样的课程，在以往的教学中，基本上都是以老师讲授为主的教学方式，但是由于大量的理论知识蕴含在其中，学生在接受的时候往往会感到枯燥乏味，但是学生对于美国的历史还是有一定的兴趣的，所以以一幅华盛顿的画像导入，在随后的教学过程中，配以大量的图片，影像资料，使学生有一个直观的感性认识。

在上述案例中，教师将学生分为三个小组，教师利用学生既有的兴趣，引导学生去自觉主动地探究教学中的重难点，使学生设身处地去体会当时的历史环境与时代背景，在教学过程的最后阶段，教师在学生已经充分掌握美国建立相关知识感性认识的基础上，向学生讲述与美国建立有关的理论知识，使学生能够掌握必要的理论知识，达到课程标准所要求的课程目标。

总的来说，如果用于探究的问题具有以下特点，会使某一个重要历史事件的学习有较强的探究性：一是学生有兴趣去探究；二是学生有条件去探究；三是学生有能力去探究；四是对学生来说该问题有意义去探究。教师若要设计出具有探究性的问题，需要在日常的工作中做大量的教学研究。

（2）终身学习追踪学科前沿

依据历史新课程标准的要求，教师在教学过程中，要充分关注历史知识的时代性，并使之符合学生的心理特征和认知水平，减少艰深的历史理论和概念，增加贴近学生生活、贴近社会的内容，有助于学生的终身学习。着重于对学生世界观、价值观的培养和着重于加强为学生进一步学习做准备，使学生初步具有自我学习的意识。教师要把课上得精彩，就需要对相关的知识掌握得足够深，足够广，才可能在教学过程中对知识信手拈来，使教学过程张弛有序。教师专业化发展需要终身学习，跟上时代，扩大视野，放眼国际，瞄准前沿，及时了解历史学科与教育发展的新进展。下面是中学教师跟踪历史学科前沿的经典案例。

清末民初社会生活的变化

改革开放新时期以来，历史学发展到了一个新的阶段，研究人的历史，研究社会的社会史成为历史学研究的热门领域。社会史的研究对象包括社会结构，社会生活和社会风俗。就本节课而言，教师将作为一名引导者，在指导学生读史料的基础上总结归纳，对清末民初的社会生活变化，有一个系统的了解。

指导学生学习"清末民初社会生活的变化"，教师要了解目前国内史学界对于清末民初社会生活变革的最新研究成果，并将这些成果融入课堂教学中。清末民初社会生活的变化可以大致总结为如下几个方面：

①衣着的变迁

清末民初，不同的人们在社会中扮演着不同的角色，在穿着打扮中，变化最快的莫过于城市女性的服饰，通过对清末民初城市女子服饰的变革的探究，我们可以清楚地看到在服饰变革后面所蕴藏的深刻的政治、经济和文化的变革。

②饮食的变迁

近代以来，西方饮食文化对中国饮食文化产生了一定的影响，后者对前者既有吸收又有排拒：吸收的是西方饮食文化中的"科学"、"文明"的成分；排拒的是它"野蛮"、不合中国民俗的成分。从总体上看，近代从西方传进来的带着奶酪黄油味的饮食文化，虽然使一些"趋新"人士对它"津津乐道"，但对中国的传统饮食文化并没有产生多大的冲击，只不过增添了一道"异味"罢了，很多人只是偶尔尝一尝，然后依然如故，吃他的家乡菜。

③建筑的变迁

在近代，由于受西式建筑风格的影响以及都市化程度的提高，在一些通商口岸，中国人也开始建筑西式或半西式住宅，出现"阛阓多仿西式"的风尚。邓子琴在《中国风俗史》中称，"晚清园亭，亦参以西式建筑，而通都大邑，几于触目皆是矣"。在天津，小洋楼渐渐取代北方的四合院而成为当地居室建筑的新潮流；在沈阳"建筑宏丽，悉法欧西，于是广厦连云，高甍丽日，绵亘达数十里"；在青岛，"市内住屋多属欧式建筑"；在汉口，"尺地寸天，阛阓日密，中西厂肆，角胜争奇"；在上海除了兴建了大量西式建筑外，还出现了西洋建筑风格影响下的中国民居——里弄房屋。受上海影响，汉口、南京、福州、天津、青岛等地也相继在租界、码头、商业中心附近建成了里弄住房。此外，与西式建筑的引进，钢铁、水泥、机制砖瓦、建筑五金、自来水、电灯等也大量应用。使近代中国居民尤其城市居民的居住习俗发生重大变化。

④交通的变迁

清末民初中国现代交通工具及事业也进入了高速发展的阶段，但不可否认的是，在发展中，我们还不能完全将主动权掌握在自己手里。这些可以从以下多各方面看出：

A. 航运：虽成立轮船招商局，但外国轮船仍占据优势。

B. 铁路：在甲午战争后，为对抗外人攫取路权，加强兴筑。而到民初则速度较缓。

C. 电报：（有线电报）自强运动时期，已建立若干干线。（无线电报）最先于广州附近设立，但限军用。

D. 电话：首在南京兴设，后得到广泛发展。

E. 邮政：初由海关兼办，后以各国商人在华办理邮务，为维护邮权，总理衙门于光绪二十二年正式设立邮政，仍由海关办。宣统年间，脱离海关独立。

F. 公路：建设较迟。

G. 航空：由参谋本部开办航空学校，培养人才。

历史课程的实施是一个研究摸索的过程，仔细、全面地研究学生特点、教材内容、课程标准、自身特质以及其他教学环境，对教师来说，不是"能不能"和"要不要"的问题，而是如何研究的问题。

2. 教师研究的路径和方法

研究是人类对未知事物的一种态度，人们对研究的理解大致可以分为狭义与广义两类。所谓狭义的研究就是把研究理解为专业人员如科学家、教授等所从事的科研活动，是一种学术性研究。但如果认真分析我们的日常用语，又会发现，我们经常所说的研究往往不是指学术性科学研究活动，而是指一般性的探究活动。

中学教师的研究既不同于专家的科学研究，也不是具体的感性探究，对于教师来说，能否改进具体的教学实践，提高学生的素质，是教师研究的重点。教师如何开展教学研究，怎样才能具有研究能力，实现从"传授型"向"研究型"的角色转变，是中小学教师普遍关注的问题。目前教师开展教学研究的主要路径有：自我反思、同伴互导、专家引领。下面与历史老师们共同探讨教学研究的一般方法。

(1) 自我反思是研究的基础

自我反思是对问题的深度思考，孔子曰："吾日三省吾身"，苏霍姆林斯基说："教育，首先是活生生的、寻根追底的、探究性的思考。"自我反思追求的正是这样的思考品质，它力图回到问题的原点，顺藤摸瓜、寻根究底，而不是浮光掠影、浅尝辄止；它不满足于既定的结论，而是敢于对那些"习以为常"的道理提出质疑。

在教学实践中，历史教师要经常以事件记录形式自我反思，如：这节课上，我在情境创设、问题设计、引起动机、课堂组织、环节过渡、重点把握、难点突破等方面处理得怎么样？事件记录形式的反思是原生态的，是圈定问题的，是能够放大揭示问题意义细节的，是教师积极主动的反思，是教师研究的开始。

他人比较形式的反思，是从不同的视角，发现并澄清自己的问题或优势。如果说事件记录是为了积累自身的直接经验，他人比较是为了分析自己的片断经验，那么自我批判则立足于经验之上的理性加工。

面对一个教学事件或情境，批判反思不仅仅关注它的现象和过程，更关注它的根源和背景，关注它与别的事件或情境的联系，关注经验背后的诸如规律、信念等理性的东西。例如观摩同一节课，一般老师最可能关注的是这节课"教了什么"，"是怎么教的"，而专家教师更多考虑的则是"为什么这么教"。前者关注的是技术，而后者在关注技术的同时，还考虑到支撑的教学理念。下面是教师对自己的教学进行反思的经典案例。

世界反法西斯战争的胜利

这节课的教学目标是通过本节内容的教学，使学生了解二战基本史实，并通过课堂教学提高学生利用地图分析问题的能力、口头表达能力和综合归纳的能力。

教学重点放在"世界反法西斯联盟形成，斯大林格勒战役"上，因为这是世界人民反法西斯战争最终取得胜利的关键点。这节课充分体现了新课程的指导思想，注重学生的情感教育和正确价值观的培养，重视培养学生能力，但还有进一步值得改进的地方：

第一，时间的把握上前松后紧。前面讲斯大林格勒战役的小故事时人数多，故事长，占用了较多时间，后面对二战反思的讨论交流时间短了些，许多学生的观点没有时间表达，影响了教学效果。

第二，在图片的搜集和使用上不够精细。例如：对于二战的有些图片没给学生留出充分的时间提取有效信息，给学生展示一下就匆匆而过了。

第三，对学生关注不够，学生瞬间表现出来的智慧火花，没能得到最充分的肯定和鼓励。如二战反思时学生提出的德国强调优劣人种问题，没有及时给予肯定和表扬。

自我反思对教师教学研究和专业发展具有重要意义。美国学者波斯纳（G. J. Posner）于1989年提出了著名的教师成长公式：经验＋反思＝成长。试问，自我反思教学研究到底有什么样的作用呢？自我反思是提升经验的桥梁，是锤炼思维的工具。一个研究型的教师首先是一个有思想的教师。

（2）专家引领提高研究的有效性

专家引领在教师教学研究、专业发展等方面具有自我反思、同伴互导所不可替代的作用。有些复杂的问题，仅靠自我反思、同伴互导仍然不能解决。当教师因某个问题不得其解而处于困惑时，专家给予的启发、点拨可以使教师破解问题、消除困惑。教师就教学实践与研究中重大的问题，需要专家提供思维方法的引领，以寻求问题方向性的、观念性的解决。下面是专家引领课堂分析案例。

分解课堂

要观察课堂，首先要分解课堂。我们一向熟悉的课堂，面对"分解"两字，顿时又陌生起来了。我们一直茫然地不知道脚要往哪个方向迈，是教授一次次指点，我们最终拿出拆分课堂的四种分解思路：

①依据新课程理念，切分为师生关系、教学互动、主动探究、预设生成、回归生活、合作学习、信息技术与学科整合、多元评价等八个维度；

②依据课堂教学的主体、客体的互动关系，切分为教师、学生、教学信息、教学媒体等四个维度；

③依据课堂教学的执行流程，切分为教学目标、教学重难点、教学方法、教学手段、教学过程、教学组织、教学评价等七个维度；

④依据教学的基本范畴，切分为教学结构与教学组织、教学理念与教学要素、教学设计与教学操作、教学预设与教学生成、静态教学与动态教学等五个维度。

教授应邀来到学校，听完汇报，不急不躁地说："课堂是为了什么？教师的教为了什么？一句话，为了学生的学习，我们能否从影响学生课堂学习的因素有几类出发来思考课堂分解问题呢？"后来，我们知道，这叫原点思考。依据这种思考方式，我们将课堂教学分解为学生学习、教师教学、课堂性质、课堂文化四个维度。这一刻，我们真切体悟到"科学就是使复杂的事情简单化"的内涵，才明白什么叫专家思维。

新的基础教育课程体系，以培养学生创新精神和实践能力为重点，如何将理念落实到教学实践中，教师需要参与专家引领下的教学研究、课题研究以提高历史学科素养。历史教师只有学习科学研究问题的方法，才有可能培养出具有创新精神的人才。下面案例是对清末新政与中国近代化的研究成果。

清末新政与中国近代化

清末新政，在以前的历史学界和教材中都评价不高，但是随之史学研究的深入，更多的学者开始看到清末新政对于中国近代化所起到的推波助澜的作用，而教师要加强学习，要知道这一点。

通过检索资料和专家的指点，教师可以了解到尽管清末新政最终并未挽救中国的民族危机和清政府灭亡的命运，但毕竟在推动中国向近代化方面迈出了重要一步，尤其是"预备立宪"，尽管清王朝并未实现政体上的更新，没有建立起立宪派苦苦追求的君主立宪制和革命派向往的民主共和制。可是"预备立宪"毕竟是中国近代史第一次宪政实践，并且第一次以"宪法"的形式规定了"臣民"的部分权利，客观上反映了世界资本主义发展的潮流及其对中国的影响。正如列宁论述的："判断历史的功绩，不是根据历史活动家有没有提供现代所需求的东西，而是根据他们比他们的前辈提供了新的东西。"因此，"预备立宪"具有无可否认的进步性，仅以"一个骗局"怎能概括其影响？

与其他研究一样，教师的教学研究也必须遵循基本的教育科学研究方法和规范。教师从事教学研究一般需要包括五个步骤：发现问题，分析与选择问题，制定研究计划，实施研究计划和收集数据，回答和解决问题。那么，有的教师可能会提出一个非常尖锐的问题，专家在哪里？这需要你用心寻找，校内有你的教学师傅，校外有教研员，书籍中有大师和你交谈，你也不妨回到母校，向你的大学老师求教，不妨关注国家级的重大课题等等。提到研究你还可能会抱怨，日常教学很紧张没有时间，其实不然，研究是一种态度，研究并非是高深莫测的，作为教师的你需要更多的是转变观念。试想，如果能与专家分享你的问题，也许专家的只言片语就能点燃你智慧的灯火。远离"教书匠"，走向专家型教师，将教学与科研熔为一炉，边实践边创新边总结，不仅推动历史课程改革的深入，而且提高自己的研究能力与教学能力。

下篇　课程标准与历史教师专业化发展

附　录

初中历史新课程标准

第一部分　前言

人类进入 21 世纪，经济全球化进程日益加快，世界范围内各种思想文化相互激荡，政治多极化趋势持续发展。在这种国际形势背景下，如何保持和发扬中华民族文化的传统，激发学生的爱国主义情感，就成为历史教育不能回避的问题。与此同时，人文社会科学研究的不断深入，也对基础教育历史课程提出了新的任务。新中国成立五十多年来，历史教育取得了令人瞩目的成就，但在诸多方面还存在着不能适应时代要求和国民素质教育的问题。这次历史课程改革要以唯物史观和科学的教育理论为指导，通过精选历史课程内容，设计灵活多样的教学方式，激发学生学习历史的兴趣，转变学生被动接受、死记硬背的学习方式，拓展学生学习和探究历史问题的空间；培养学生正确的历史观，进而使学生学会辩证地观察、分析历史与现实问题，加深对祖国的热爱和对世界的了解，从历史中汲取智慧，养成现代公民应具备的人文素养，以应对新世纪的挑战。

一、课程性质

历史（7～9 年级）是义务教育阶段的必修课。通过历史课程的学习，学生获得历史基本知识和技能，初步了解人类社会历史发展的基本过程，逐步学会用历史唯物主义观点分析问题、解决问题；增强爱国主义情感，继承和发扬中华民族的优秀文化传统，树立民族自尊心和自信心；初步形成正确的国际意识，理解和尊重其他国家和民族所创造的文明成果；学习和继承人类的传统美德，从人类社会历史发展的曲折历程中理解人生的价值和意义，逐渐形成正确的世界观、人生观和价值观。

二、基本理念

历史课程应突出体现义务教育的普及性、基础性和发展性，应面向全体学生，为学生进入和适应社会打下基础，为学生进一步接受高一级学校教育打下基础。

历史课程应使学生获得基本的历史知识和能力，培养良好的品德和健全的人格。

历史课程应避免专业化、成人化倾向，克服重知识、轻能力的弊端，不刻意追求历史学科体系的完整性。课程内容的选择应体现时代性，符合学生的心理特征和认知水平，减少艰深的历史理论和概念，增加贴近学生生活、贴近社会的内容，有助于学生的终身学习。

历史课程改革应有利于学生学习方式的转变，倡导学生积极主动地参与教学过程，勇于提出问题，学习分析问题和解决问题的方法，改变学生死记硬背和被动接受知识的学习方式。

历史课程改革应有利于教师教学方式的转变，树立以学生为主体的教学观念，鼓励教师创造性地探索新的教学途径，改进教学方法和教学手段，组织丰富多彩的教学实践活动，为学生学习营造一个兴趣盎然的良好环境，激发学生学习历史的兴趣。

历史课程改革应有利于建立促进学生全面发展、激励教师积极进取的评价机制，历史教学评价应以学生综合素质为目标，采用灵活多样的评价方法，注重学生学习过程和学习结果的全程评价，充分发挥历史教学评价的教育功能。

三、设计思路

《全日制义务教育历史课程标准（实验稿）》（以下简称《标准》）的总体思路是：面向全体学生，使所有学生都能达到课程标准所规定的

附　录　初中历史新课程标准

目标；高度尊重学生的个性，充分发挥学生自身的能力和特长，为其主动适应未来社会打好基础。

《标准》包括前言、课程目标、内容标准和实施建议四个部分，主体是课程目标和内容标准。

课程目标规定了学生在"知识与能力"、"过程与方法"、"情感态度与价值观"等三个方面应达到的总体目标。内容标准规定了学生在上述三个方面应达到的具体目标。

内容标准分为中国古代史、中国近代史、中国现代史、世界古代史、世界近代史、世界现代史六个学习板块，每个学习板块又分为若干学习主题。使用学习主题的呈现方式，可以更好地体现国家基础教育课程改革的基本理念，有利于改变"难、繁、偏、旧"的现象，促进学生学习方式的转变，同时又能兼顾历史发展的时序性与学习内容的内在联系，以反映历史学科的特点。

第二部分　课程目标

一、知识与能力

掌握基本的历史知识，包括重要的历史人物、历史事件和历史现象，以及重要的历史概念和历史发展的基本线索。

在掌握基本历史知识的过程中，逐步形成正确的历史时空概念，掌握正确计算历史年代、识别和使用历史图表等基本技能，初步具备阅读、理解和通过多种途径获取并处理历史信息的能力，形成用口头和书面语言，以及图表等形式陈述历史问题的表达能力。

形成丰富的历史想象力和知识迁移能力，逐步了解一定的归纳、分析和判断的逻辑方法，初步形成在独立思考的基础上得出结论的能力；初步了解人类社会是从低级向高级不断发展的、历史发展是有规律的等科学的历史观，学习客观地认识和评价历史人物、历史事件和历史现象。

二、过程与方法

历史学习是一个从感知历史到积累历史知识、从积累历史知识到理解历史的过程。通过课堂学习和课后活动，逐步感知人类在文明演进中的艰辛历程和巨大成就，逐步积累客观、真实的历史知识；通过收集资料、构建论据和独立思考，能够对历史现象进行初步的归纳、比较和概括，产生对人类历史的认同感，加深对人类历史发展进程的理解，并做出自己的解释。

注重探究式学习，勇于从不同角度提出问题，学习解决历史问题的一些基本方法；乐于同他人合作，共同探讨问题，交流学习心得；积极参加各种社会实践活动，学习运用历史的眼光来分析历史与现实问题，培养对历史的理解力。

三、情感态度与价值观

逐渐了解中国国情，理解并热爱中华民族的优秀文化传统，形成对祖国历史与文化的认同感，初步树立对国家、民族的历史责任感和历史使命感，培养爱国主义情感，逐步确立为祖国的社会主义现代化建设、人类和平与进步事业做贡献的人生理想。

形成健全的人格和健康的审美情趣，确立积极进取的人生态度、坚强的意志和团结合作的精神，增强承受挫折、适应生存环境的能力，为树立正确的世界观、人生观和价值观打下良好的基础。

在了解科学技术给人类历史发展带来巨大物质进步的基础上，逐步形成崇尚科学精神的意识，确立求真、求实和创新的科学态度。

了解历史上专制与民主、人治与法治的演变过程，理解从专制到民主、从人治到法治是人类历史发展的必然趋势，不断强化民主与法制意识。

了解人类社会历史发展的多样性，理解和尊重世界各国、各地区、各民族的文化传统，学习汲取人类创造的优秀文明成果，逐步形成面向世界、面向未来的国际意识。

第三部分　内容标准

一、中国古代史

中国古代史开始于我国境内人类产生，结束于 1840 年鸦片战争爆发前夕，历经原始社会、奴隶社会和封建社会三个发展阶段。

中国境内至少在 170 万年前已经出现了人类活动。经过漫长的岁月，原始人类完成了从氏族、部落到国家的发展。公元前 21 世纪，夏朝的建立标志着早期国家的产生。自夏、商、西周，到春秋、战国，社会发生了剧烈变革。

公元前 221 年秦兼并六国，实现了国家的统一。秦汉时期，统一的多民族国家得到初步巩固。

三国两晋南北朝时期，出现了长期的分裂局面，西部和北部的少数民族大量涌入中原，逐步实现了与汉族的融合。随着北方人口的南迁，江南地区得到初步开发。

隋唐时期，出现了社会经济文化繁荣、政治开明的局面，国内各民族友好交往和中外交流得到进一步发展。

宋元时期，经济重心由黄河流域转移到长江流域，契丹、女真、蒙古等少数民族南下，民族关系出现了新变化。

明清时期，统一的多民族国家得到发展和巩固，经济和文化取得了一定成就。同时专制统治不断强化，对外闭关锁国，社会危机日益加深。

中华文明源远流长，绵延不断，成就辉煌，对人类进步做出了伟大贡献。

通过学习，知道中国古代的重要历史人物、历史事件和历史现象，了解中国古代历史发展的基本线索；能够阅读普及性的历史读物，识读历史图表，知道古代纪年方法，正确计算历史年代，描述历史事件，初步了解学习历史知识的基本技能和方法；增强学习历史的兴趣，激发民族自豪感，树立民族自尊心和自信心，加深对中国历史文化的认同感。

（一）中华文明的起源

【内容标准】

（1）以元谋人、北京人等早期人类为例，了解中国境内原始人类的文化遗存。

（2）简述河姆渡遗址、半坡遗址等原始农耕文化的特征。（3）知道炎帝、黄帝和尧、舜、禹的传说，了解传说和史实的区别。

【教学活动建议】

（1）利用板报建立"历史学习园地"。（2）根据教学用图，想象原始人的一天是怎样度过的。

（二）国家的产生和社会变革

【内容标准】

（1）简述夏朝建立的史实，知道禅让制到王位世袭制的演变。（2）了解夏、商、西周三代的更替。（3）说出西周分封制的主要内容。（4）知道春秋争霸和战国七雄的史实。（5）通过商鞅变法等史实，认识战国时期的社会变革。

【教学活动建议】

（1）识读春秋战国形势图，学习识读历史地图的基本技能。

（2）以"商鞅变法的失败与成功"为题，组织讨论会。

（三）统一国家的建立

【内容标准】

（1）了解秦兼并六国和秦始皇加强中央集权的史实，探讨统一国家建立的意义。

（2）知道陈胜吴广起义。（3）列举汉武帝大一统的主要史实，评价汉武帝。（4）讲述张骞通西域等史实；认识丝绸之路在中外交流中的作用。

【教学活动建议】

（1）了解中国古代纪年的主要方法，学习识读历史年表的基本技能。

（2）组织讨论，比较秦始皇和汉武帝的历史作用。

（四）政权分立与民族融合

【内容标准】

（1）了解三国鼎立形成的史实。（2）说出人口南迁和民族交往促进了江南开发的史实。（3）概述北魏孝文帝促进民族融合的措施。

【教学活动建议】

（1）观察图片和阅读资料，解释"胡人汉服"、"汉人胡食"的现象。（2）收集民族友好交往的历史小故事，编写一期板报。

（五）繁荣与开放的社会

【内容标准】

（1）了解隋唐科举制度的主要内容。（2）列举"贞观之治"的主要内容，评价唐太宗。（3）知道武则天和"开元盛世"的基本史实。（4）了解唐与吐蕃等民族交往的史实。（5）以遣唐使、玄奘西行、鉴真东渡等史实为例，说明唐代中外文化交流的发展。

【教学活动建议】

（1）设计表格，列出秦始皇、汉武帝与唐太宗的历史功过。（2）以文成公主入藏等故事为题材，编演历史短剧。

（六）经济重心的南移和民族关系的发展

【内容标准】

（1）列举宋代南方生产发展和商业繁荣的史实，了解中国古代经济重心的南移。（2）了解宋代的社会生活。（3）知道辽、宋、西夏、金等政权的并立。（4）简述成吉思汗统一蒙古和忽必烈建立元朝的史实，说明民族关系的发展。

【教学活动建议】

（1）观察《清明上河图》，围绕宋代城市社会生活中的衣食住行和风俗习惯等，就感兴趣的问题进行讨论，比较古今异同。（2）举办故事会，讲述岳飞抗金、文天祥抗元等历史故事。

（七）统一多民族国家的巩固和社会的危机

【内容标准】

（1）了解明清两朝加强专制统治的主要措施。（2）概述郑和下西洋的史实。（3）讲述戚继光抗倭、郑成功收复台湾和雅克萨之战等史实，感受中国人民反抗侵略的英勇斗争精神。（4）列举清朝设置驻藏大臣和平定大小和卓叛乱等史实，了解清朝加强对边疆地区管辖和维护国家统一的主要措施。（5）简述"闭关锁国"的主要表现，分析其历史影响。

【教学活动建议】

（1）通过填图，了解清代疆域的四至。（2）举行演讲会，说明新疆、西藏、台湾自古就是中国的领土。（3）编制中国古代主要朝代顺序表。

（八）科学技术

【内容标准】

（1）以司母戊鼎等为例，了解中国古代青铜工艺的成就。（2）知道《九章算术》，讲述祖冲之推算圆周率的史实，了解中国古代的数学成就。（3）知道华佗、张仲景和《伤寒杂病论》、李时珍和《本草纲目》等名医名著。（4）知道《水经注》、《齐民要术》、《天工开物》等重要著作。（5）以都江堰、长城、大运河、赵州桥、北京故宫等为例，体会中国古代劳动人民的智慧和创造力。（6）了解"四大发明"，认识中国古代科技发明对世界文明发展的贡献。

【教学活动建议】

（1）制作泥活字，了解活字印刷的过程。（2）有条件的地区，可组织参观古代工程和建筑。

（九）思想文化

【内容标准】

（1）知道甲骨文、金文、小篆、隶书等字体，知道汉字的演变。（2）知道孔子，了解"百家争鸣"的主要史实。（3）了解佛教传入和道教兴起的主要史实。（4）以唐诗、宋词和明清小说为例，了解中国古代的文学成就。（5）说出《史记》、《资治通鉴》的作者和体例。（6）列举古代书法、绘画、雕塑、音乐、舞蹈等方面的主要成就。

【教学活动建议】

（1）收集古代成语、典故，举办成语故事会或成语知识竞赛。（2）举行古代名诗名篇朗诵会。（3）欣赏古代书法、绘画、音乐。

二、中国近代史

中国近代史始自 1840 年中英鸦片战争爆发，止于 1949 年南京国民党政权覆亡，历经清王朝晚期、中华民国临时政府时期、北洋军阀时期和国民政府时期，是中国半殖民地半封建社会逐渐形成到瓦解的历史。

19 世纪中期，英、法等西方列强接连发动了侵略中国的战争，中国的主权独立和领土完整不断遭到破坏，西方列强与中华民族的矛盾激化。70 年代以后，列强对华侵略加剧，中华民族危机日益深重。

中国人民为反抗列强侵略，争取民族独立，进行着英勇的斗争，开始了救亡图存的探索。以"自强""求富"为目的的洋务运动客观上刺激了中国资本主义的产生和发展。资产阶级维新派为了挽救民族危亡，发展资本主义，进行了维新变法运动。辛亥革命推翻了清王朝的统治，结束了中国两千多年的君主专制制度，开创了完全意义上的近代民族民主革命。新文化运动冲击了封建主义的思想、道德和文化，开启了思想解放的闸门。中国在饱受列强欺凌、被迫开放的环境中不断进行着经济、政治和思想文化的变革，中国的近代化艰难起步，社会结构开始逐步从传统社会向近代社会转型。

1919 年爆发的五四爱国运动，标志着资产阶级领导的旧民主主义革命的结束和无产阶级领导的新民主主义革命的开始。1921 年中国共产党成立，中国革命的面貌从此焕然一新。第一次国共合作推动了国民革命运动的高涨。国共合作破裂后，中国共产党为反抗国民党统治，进行工农武装革命，开始了中国革命道路的艰难探索。

1931 年日本帝国主义发动"九·一八"事变，中华民族面临严重的民族危机，全国抗日救亡运动不断高涨。1937年日本帝国主义发动七·七事变，中华民族全面抗战从此开始。中国人民经过八年浴血奋战，终于第一次取得了近代以来反侵略战争的彻底胜利。

抗日战争胜利后，中国面临着两种命运、两个前途的决战。中国共产党为争取和平民主做出了很大努力，但是国民党政府在美帝国主义支持下悍然发动内战。中国共产党领导人民进行了三年多的解放战争，推翻了国民党在中国大陆的统治，取得了新民主主义革命的伟大胜利。

通过学习，了解中国近代重要的历史人物、历史事件和历史现象，了解中国近代历史发展的基本线索；能够初步阅读、理解和归纳一些基本的历史材料，从不同角度思考和解释历史问题；认识外国列强的侵略、没落的封建专制制度和综合国力的衰弱是中国一步步沦为半殖民地半封建社会的根本原因；认识抗击外来侵略、捍卫国家主权和民族尊严是中华民族的优良传统；树立民族自尊心和自信心，进一步增强爱国主义情感，知道没有中国共产党就没有新中国的道理，坚定为中华民族复兴而奋斗的信念。

（一）列强的侵略与中国人民的抗争

【内容标准】

（1）讲述林则徐虎门销烟的故事；简述中英《南京条约》的主要内容，认识鸦片战争对中国近代社会的影响。（2）知道太平军抗击洋枪队的事迹。（3）简述第二次鸦片战争期间英法联军火烧圆明园、俄国通过不平等条约割占中国北方大片领土的侵略史实。（4）了解左宗棠收复新疆的基本史实。（5）讲述甲午中日战争中邓世昌的主要事迹，体会中国人民反抗外国侵略的民族气节和斗争精神；简述《马关条约》的主要内容，说明《马关条约》与中国民族危机加剧的关系。（6）了解八国联军侵华的史实；结合《辛丑条约》的主要内容，分析《辛丑条约》对中国民族危机全面加深的影响。

【教学活动建议】

（1）有条件的地区，可以观看《林则徐》、《鸦片战争》、《甲午风

附　录　初中历史新课程标准

云》等影片，感受中国人民反抗侵略的斗争精神，并运用所学历史知识，说明影片的历史背景，讲述历史故事。（2）制作表格，分类整理《南京条约》、《马关条约》和《辛丑条约》的有关内容，填入表格，了解中国逐步沦为半殖民地半封建社会的基本线索。（3）有条件的地区，可以组织参观博物馆或近代历史遗址、遗迹。

（二）近代化的起步

【内容标准】

（1）列举洋务派为"自强"、"求富"而创办的主要军事工业和民用工业，评价洋务运动在中国近代化进程中的地位和作用。（2）知道"百日维新"的主要内容，认识戊戌变法对中国近代社会的影响。（3）了解孙中山的主要革命活动，知道武昌起义，探讨辛亥革命的历史意义。（4）列举陈独秀、胡适等新文化运动的主要代表人物，了解新文化运动在中国近代思想解放运动中的地位和作用。

【教学活动建议】

（1）采取小组合作方式，收集洋务运动的有关资料，谈谈自己对洋务运动的看法。（2）举办关于孙中山和辛亥革命的故事会。

（三）新民主主义革命的兴起

【内容标准】

（1）简述五四爱国运动的基本史实，理解五四精神。（2）简述中国共产党第一次全国代表大会召开的史实，认识中国共产党成立的历史意义。（3）知道黄埔军校的创建和北伐战争的胜利进军。（4）了解南京国民政府成立的主要史实。（5）知道南昌起义，讲述朱德和毛泽东井冈山会师的故事，了解中国共产党创建工农红军和农村革命根据地的意义。（6）讲述中国工农红军长征的故事，体会红军的革命英雄主义精神，认识中国革命历程的艰难曲折。

【教学活动建议】

（1）召开关于五四精神的主题班会。（2）观看《开天辟地》等影片，了解中国共产党成立的历史背景。（3）利用有关资料，在地图上标出中国工农红军长征的路线。

（四）中华民族的抗日战争

【内容标准】

（1）简述"九·一八"事变的史实，知道"九·一八"事变后中国开始了局部抗战。（2）了解西安事变的概况，认识西安事变和平解决的历史作用。（3）简述七·七事变的史实，知道中国全民族抗战从此开始。（4）以侵华日军南京大屠杀等罪行为例，认识日本军国主义凶恶残暴的侵略本质。（5）讲述中国军队血战台儿庄和百团大战等史实，体会中国军民在抗日战争中英勇顽强、不怕牺牲的精神。（6）了解中国共产党第七次全国代表大会的主要内容。（7）探讨抗日战争胜利的历史意义。

【教学活动建议】

（1）有条件的地区，可以考察抗日战争的历史遗址、遗迹，或访问参加过抗战的老战士，采访日军侵华罪行的受害者或见证人。（2）学唱《义勇军进行曲》、《毕业歌》、《大刀向鬼子们的头上砍去》、《太行山上》等历史歌曲，感受中华民族反侵略的斗争精神。

（3）举办小型故事会，讲述八路军、新四军坚持敌后抗战的故事。

（五）人民解放战争的胜利

【内容标准】

（1）知道重庆谈判，理解中国共产党为争取和平民主做出的努力，认识国民党独裁内战的本质。（2）了解中共中央转战陕北和刘邓大军挺进大别山的史实，知道人民解放战争开始转入战略进攻。（3）列举辽沈、淮海、平津三大战役和渡江战役，说明人民解放战争迅速胜利的主要原因。

【教学活动建议】

（1）学习用图示的方法，描述人民解放战争转折阶段的战略态势。（2）观看《大决战》等影片，感受人民解放战争波澜壮阔的历史场景。

（六）经济和社会生活

【内容标准】

（1）讲述张謇兴办实业的故事，了解近代民族工业曲折发展的状况。（2）知道轮船、火车、电报、照相和电影等在中国出现的史实。（3）以《申报》、商务印书馆等为例，了解大众传播媒体对近代社会生活的影响。（4）了解民国以来剪发辫、易服饰、改称呼等社会习俗方面的变化。

【教学活动建议】

访问家庭和学校附近的老人，有条件的地区可以参观博物馆、观看历史影视资料片，通过多种途径获得对近代社会生活的感性认识。

（七）科学技术与思想文化

【内容标准】

（1）知道詹天佑、侯德榜等近代科学技术方面的重要人物及其成就。（2）了解魏源、严复等人的主要思想。（3）以科举制度的废除和京师大学堂的开办为例，了解近代新式教育发端的主要史实。（4）知道鲁迅、徐悲鸿、聂耳、冼星海等人的主要成就。

【教学活动建议】

（1）有条件的地区，可以参观著名科技文化代表人物的纪念馆或故居。（2）举行小型读书报告会，谈谈阅读鲁迅等著名文学家作品的体会。

三、中国现代史

中国现代史是中国共产党领导全国各族人民进行社会主义现代化建设的历史。1949年中华人民共和国的成立是中国现代史的开端。

新中国成立初期，我国进行了抗美援朝战争和土地改革运动等，巩固了人民民主专政的国家政权，迅速恢复了国民经济。

从1953年开始，我国开始进行社会主义工业化建设和对农业、手工业与资本主义工商业的社会主义改造，逐步由新民主主义向社会主过渡。到1956年，我国基本建立了社会主义制度，进入社会主义初级阶段。我国在全面建设社会主义的进程中，取得了巨大的成就，初步奠定了现代化建设的物质文化基础。但是，在社会主义道路的探索中，也出现过"大跃进"运动和人民公社化运动等急躁冒进的错误，甚至出现了"文化大革命"那样全局性的、长时间的严重错误。

中国共产党十一届三中全会后，我国实现了历史性的伟大转折，进入了改革开放和社会主义现代化建设的新时期。中国共产党在实践中逐步找到了建设有中国特色社会主义的道路。邓小平理论指导地位的确立，成为中国实现社会主义现代化的根本保证。

新中国成立以来，我国在经济建设、民主法制、科学技术、国防建设、民族团结、文化教育、对外交往各方面取得显著成就。我国综合国力不断提高，国家日益繁荣富强，人民生活明显改善。"一国两制"由构想变为现实，祖国和平统一大业取得历史性进展。

通过学习，了解中国现代史的重要历史人物、历史事件、历史现象和历史发展的基本线索；能够阅读基本的历史文献资料，学会社会调查的基本方法，能运用所学知识分析和解释历史问题；了解我国的基本国情，认识社会主义现代化建设是一个曲折漫长的过程，能从社会的不断进步和发展中体会到坚持中国共产党领导的重要性，坚定建设有中国特色社会主义的信念。

（一）中华人民共和国的成立和巩固

【内容标准】

（1）讲述开国大典的史实，认识新中国成立的历史意义。（2）简述西藏和平解放的基本史实。（3）讲述黄继光、邱少云等英雄事迹，体会志愿军战士的爱国主义和革命英雄主义精神。（4）知道《中华人民共和国土地改革法》，理解废除封建土地制度的意义。

【教学活动建议】

（1）组织观看《开国大典》等影片，体会"中国人民从此站起来了"这一名言的深刻内涵。（2）学唱《中国人民志愿军战歌》、《我的祖国》、《英雄赞歌》等歌曲；朗诵《谁是最可爱的人》等作品。

（二）社会主义道路的探索

【内容标准】

（1）了解第一个五年计划的基本任务。（2）知道1954年颁布了第一部《中华人民共和国宪法》。（3）知道对农业、手工业和资本主义工商业的社会主义改造基本完成是社会主义制度在我国建立的标志。（4）了解"大跃进"和人民公社化运动是探索社会主义建设道路过程中的严重失误。（5）讲述王进喜、邓稼先、焦裕禄等先进人物艰苦创业和全心全意为人民服务的事迹。（6）简述"文化大革命"中民主法制和国民经济遭受严重破坏的主要史实，认识"文化大革命"给国家和人民带来了严重灾难。

【教学活动建议】

（1）请当地的人民代表介绍人民代表的活动及人民代表大会制度。（2）访问长辈，记录他们在"文化大革命"中的经历和感受，学习整理口述史料的方法。

（三）建设有中国特色社会主义

【内容标准】

（1）认识中国共产党十一届三中全会是我国社会主义现代化建设史上的伟大转折。（2）知道家庭联产承包责任制的主要内容，了解生产关系一定要适应生产力发展需要的基本原则。（3）以深圳等经济特区的建立为例，探讨经济特区在社会主义现代化建设中的作用和影响。（4）知道国有企业改革的主要内容。（5）说出我国颁布的《中华人民共和国民法通则》和《中华人民共和国刑法》等重要法律，了解社会主义民主与法制建设的重大进展（6）认识邓小平理论是改革开放和社会主义现代化建设的指导思想。

【教学活动建议】

（1）收集过去的一些购物票证，如布票、粮票、油票、副食本等，感受市场经济给人们生活带来的巨大变化。（2）在地图上找出我国5

新课程历史怎么教

个经济特区和 1984 年开放的 14 个沿海港口城市的地理位置。

（四）民族团结与祖国统一

【内容标准】

（1）了解我国实行民族区域自治制度的主要史实。（2）简述香港、澳门回归的史实，说明"一国两制"的科学构想是推进祖国和平统一大业的基本方针。（3）了解祖国大陆与台湾经济文化交往日益密切的史实，认识祖国统一是历史发展的必然趋势。

【教学活动建议】

（1）进行课堂交流，介绍自己所知道的某一少数民族的民俗文化，如节日、服饰、艺术等。（2）举办有关台湾问题的专题讲座。

（五）国防建设与外交成就

【内容标准】

（1）了解人民海军和人民空军建立的史实。（2）以人民解放军导弹部队的建立和发展为例，说明科技强军的重要性。（3）知道和平共处五项原则的主要内容，简述周恩来出席万隆会议的史实。（4）讲述我国恢复在联合国合法席位和中美建交等史实。（5）以我国参与"亚太经合组织"的活动等史实为例，说明我国在国际事务中发挥的作用。

【教学活动建议】

观看反映国庆 50 周年大阅兵的影视片，交流观后感；或收集反映人民军队现代化建设的图片资料，举办以班级为单位的小型展览会。

（六）科技、教育与文化

【内容标准】

（1）知道"两弹一星"的成功研制、"籼型杂交水稻"的培育推广等标志性成果，以及"863"计划的制定。（2）以计算机网络技术的应用为例，说明信息技术在促进我国社会发展中的重要作用。（3）列举九年义务教育基本普及和高等教育迅速发展的史实，认识教育发展在"科教兴国"战略中的地位。（4）了解我国文化艺术和体育事业的主要成就。

【教学活动建议】

（1）召开主题班会，介绍当代杰出科学家的事迹和成就，学习他们献身科学的精神。（2）有条件的地区，可以通过网络收集我国体育运动员获得奥运会冠军的有关资料，在班级活动中介绍自己喜欢的运动项目和运动员的成就。

（七）社会生活

【内容标准】

（1）以人们衣、食、住、行、用等方面的变化为例，说明改革开放对人们生活方式所产生的影响。（2）知道就业制度的变化，认识社会发展改变了人们的就业观念。（3）以医疗保险制度的建立为例，说明社会保障制度在社会发展中的重要作用。

【教学活动建议】

全班分为五个小组，对改革开放以来人们在衣、食、住、行、用五个方面的变化进行社会调查，撰写调查报告。

四、世界古代史

世界古代史始自三四百万年前人类的出现，止于约公元 15 世纪，分为上古和中古两个历史时期，经历了原始社会、奴隶社会和封建社会。

文明出现之前，人类经历了漫长的史前时期。随着生产力的发展，原始社会逐渐被阶级社会所代替，从五六千年前开始，在亚非的大河流域、欧洲的希腊和罗马相继诞生了灿烂的古代文明，出现了国家，进入了奴隶社会。在奴隶制度衰落和崩溃的过程中，封建制度得以发展和确立，社会经济和文化缓慢地向前发展。

在世界古代史时期，各地区各民族创造的古代文明为近代文明的产生与发展奠定了基础。佛教、基督教和伊斯兰教三大宗教的形成对世界历史的发展产生了深远影响。从人类文明出现到 15 世纪，亚洲、非洲和欧洲之间的接触和交流逐渐加强，美洲和大洋洲则与亚洲、非洲和欧洲处于基本隔绝的状态。

通过学习，知道世界古代史上重要的历史人物、历史事件和历史现象，了解世界古代史发展的基本线索；辩证地看待人类社会不断发展和进步的总体趋势；感悟人类文明的多元性、共容性和发展的不平衡性；认识到世界各地区、各民族共同推动了人类文明的进步，他们创造的文明成就是人类的共同财富；树立正确的国际意识，培养理解、尊重和吸收其他民族文化精华的开放态度。

（一）史前时期的人类

【内容标准】

（1）列举南方古猿等早期人类的代表，了解人类起源和三大主要人种的形成。（2）讲述该亚与厄瑞斯忒的传说，知道母系氏族社会与父系氏族社会形成的原因及特点。

【教学活动建议】

借助原始人类骨骼模型、早期人类生活的想象图和世界历史地图等，直观地了解原始社会状况。

（二）上古人类文明

【内容标准】

（1）知道古代埃及的金字塔、古巴比伦的《汉谟拉比法典》和古代印度的种姓制度，了解人类早期文明产生的自然地理环境。（2）了解伯里克利时代雅典民主政治的基本状况，知道古希腊是西方文明的发源地。（3）讲述布匿战争的故事，了解罗马共和国的兴衰。

【教学活动建议】

在世界历史地图上标出包括中国在内的世界古代主要文明的地理位置，了解它们的形成与自然地理环境之间的关系。

（三）中古亚欧文明

【内容标准】

（1）了解大化改新的基本内容，讲述穆罕默德的主要活动。（2）以查理·马特改革和丕平献土为例，了解西欧封建等级制度的特点和罗

167

马教廷的地位。（3）通过讲述琅城起义的故事，了解西欧城市兴起的历史意义。（4）讲述君士坦丁堡陷落的故事，探讨拜占廷帝国衰落的原因。

【教学活动建议】

（1）讨论罗马教廷在西欧封建社会中的地位和影响。（2）绘制西欧封建等级制示意图。

（四）文明的冲撞与融合

【内容标准】

（1）说出希波战争、亚历山大大帝东征、罗马征服地中海世界等基本史实。（2）知道马可·波罗来华、阿拉伯数字的发明和传播等史实，探讨世界各民族各地区和平交往的历史意义。

【教学活动建议】

利用历史学习园地，写出你对古代世界各大洲、各地区和各民族之间交往方式（和平交流与暴力冲突）的看法。

（五）科学技术与思想文化

【内容标准】

（1）知道埃及象形文字、两河流域楔形文字。（2）了解佛教、基督教和伊斯兰教的产生与传播。（3）以《荷马史诗》、《俄底浦斯王》和《天方夜谭》等作品为例，了解古典文学戏剧的成就。（4）简述阿基米德等古代科学家的主要成就。（5）说出阿拉伯麦加清真寺和巴黎圣母院等古代建筑的特点，了解古代劳动人民的创造力和审美情趣。

【教学活动建议】

（1）观看古代文化方面的图片和模型，加强对古代文化成就的感性认识。（2）举办故事会，讲述《天方夜谭》中的故事。

五、世界近代史

世界近代史是 16 世纪前后至 20 世纪初资本主义社会形态酝酿、产生和发展的历史。在这一历史阶段中，世界各地区前资本主义文明的相对孤立和相互隔绝状态，被广阔的资本主义世界市场和血腥的殖民扩张所打破，人类逐渐步入相互联系、相互依赖的世界一体化阶段，进而产生了真正意义上的世界历史。

从14世纪到17世纪上半叶，地中海沿岸地区的手工工场、文艺复兴运动、地理大发现和早期的殖民扩张孕育了资本主义社会形态的基本要素，使世界朝着一体化方向迈出了关键一步。

从17世纪上半叶到19世纪中叶，资产阶级通过革命或改革，相继在欧美主要国家和亚洲的日本取代了封建势力，获得了政治统治权。这些国家先后开始或完成了第一次工业革命，生产力获得迅猛发展，社会面貌发生翻天覆地的变化，为资本主义制度战胜封建制度、进一步扩大以西方资本主义国家为核心的世界市场奠定了雄厚的物质基础，初步形成了西方先进、东方落后的世界格局。由于资本的残酷剥削和列强疯狂的殖民扩张，资产阶级与无产阶级的阶级矛盾、资本主义列强与殖民地半殖民地国家的民族矛盾空前激化，工人运动、社会主义运动和民族解放运动蓬勃发展，并诞生了马克思主义，国际共产主义运动进入一个新的历史时期。

从19世纪下半叶到20世纪初，欧美主要国家先后发生了以电力取代蒸汽力的第二次工业革命，生产力获得更加突飞猛进的发展，科学技术在推动人类社会发展中的作用日益明显，文学艺术空前繁荣。与此同时，资本主义国家开始从自由资本主义向垄断资本主义过渡，各帝国主义国家争夺海外殖民地的斗争趋于白热化，终于引发了第一次世界大战。

通过学习，了解世界近代史的重要历史人物、历史事件、历史现象和历史发展的基本线索；运用科学的历史观，分析资本主义社会制度的历史进步性、野蛮性、贪婪性和扩张性；认识马克思主义诞生的重大历史意义；理解殖民地人民反抗资本主义侵略与扩张斗争的正义性和合理性；初步形成历史进步意识、历史正义感、热爱和平的观念和以人为本的价值观。

（一）欧美主要国家的社会巨变

通过学习，了解世界现代史的重要历史人物、历史事件和历史现象，了解世界现代史发展的基本进程和总趋势；以实事求是的科学态度理解和分析历史与现实问题；增强国际意识，以开阔的视野、开放的心态看待世界，吸纳人类共同创造的文明成果；了解当代世界的多样性、多元性和复杂性，树立忧患意识，增强历史使命感和社会责任感，立志为促进人类进步事业奉献自己的力量。

（一）苏联社会主义道路的探索

【内容标准】

（1）简述俄国1917年彼得格勒武装起义的概况，了解世界历史上第一个社会主义国家的诞生及其重大意义。（2）了解列宁在社会主义建设方面所做的探索。

（3）概述二三十年代苏联社会主义建设的重大成就和经济政治体制上存在的严重弊端。

【教学活动建议】

举办故事会，讲述列宁的故事，学习列宁在探索社会主义道路方面实事求是、勇于创新的精神。

（二）凡尔赛—华盛顿体系下的西方世界

【内容标准】

（1）了解凡尔赛和约、九国公约的基本内容。（2）简述1929～1933年资本主义世界经济危机的影响。（3）以"产业复兴法"为例，评价罗斯福新政在资本主义发展史上的作用。（4）通过国会纵火案和反犹暴行等事例，揭露德意日的法西斯暴行。

【教学活动建议】

（1）就罗斯福新政的作用进行课堂讨论。（2）观看《辛德勒名单》等电影，加深了解给人类带来深重灾难的法西斯暴行。

（三）第二次世界大战

【内容标准】

（1）以慕尼黑会议为例，说明绥靖政策的实质和恶劣影响。（2）

简述德国进攻波兰和苏联、日本偷袭珍珠港等导致第二次世界大战全面爆发和逐步扩大的主要事件。（3）通过联合国家宣言和雅尔塔会议等史实，了解国际反法西斯联盟的建立及其作用。（4）简述斯大林格勒战役、诺曼底登陆和攻克柏林战役在反法西斯战争中的作用。

【教学活动建议】

（1）观看《斯大林格勒保卫战》、《巴顿将军》等影片，树立正义一定战胜邪恶的信念。（2）就"人类能否有效避免世界大战的爆发"进行辩论，提高探究性学习的能力。

（四）主要资本主义国家的发展变化

【内容标准】

（1）概述战后美国经济发展的主要特点。（2）知道欧洲联盟。（3）简述战后日本成为资本主义经济强国的主要史实。

【教学活动建议】

用表格的形式列出美国和日本经济发展变化的情况，学会根据图表、数据说明有关历史现象的能力。

（五）社会主义国家的改革与演变

【内容标准】

（1）了解赫鲁晓夫改革。（2）知道戈尔巴乔夫改革和苏联解体。（3）以匈牙利为例，了解东欧社会主义国家的改革运动。

【教学活动建议】

结合政治学科和中国现代史的相关知识，比较苏联和中国社会主义建设的经验教训，进一步认识走中国特色社会主义道路的意义，初步锻炼学科综合能力。

（六）亚非拉国家的独立和振兴

【内容标准】

（1）以印度等国为例，简述亚洲国家实现国家独立和走上民族振兴道路的概况。（2）简述战后非洲独立运动和拉丁美洲各国为捍卫国家主权、促进社会经济发展所进行的斗争。（3）知道中东战争，认识战后中东地区矛盾的复杂性。

【教学活动建议】

（1）通过第二次世界大战前后世界历史地图的变化，了解战后民族独立运动发展的概况，学习判读历史地图的方法。（2）结合所学历史知识，针对当前中东地区发生的重大事件，出一期黑板报。

（七）战后世界格局的演变

【内容标准】

（1）简述杜鲁门主义等史实，了解美苏"冷战"对峙局面的形成，初步认识霸权主义对人类进步和安全的威胁。（2）概述世界经济全球化加速发展的趋向，理解世界各国相互依存、相互竞争的复杂性。（3）以科索沃战争等历史事件为例，了解世界政治格局的多极化趋势。

【教学活动建议】

（1）就某一国际热点问题，举办"时事溯源"专栏。（2）通过查阅报刊杂志、收听收看广播电视、进行社会调查等形式，了解当前人类面临的共同问题，并就其中的某一方面，如人口、资源、环境和社会问题等，写出调查报告，学习从事社会调查的方法。

（八）科学技术和文化

【内容标准】

（1）以计算机网络技术、生物工程技术等为例，概述第三次科技革命的特点。（2）知道德莱塞的《美国的悲剧》等著名文学作品。（3）了解毕加索等美术家的艺术成就。（4）通过爵士乐、好莱坞等，了解现代音乐和电影业的发展。

【教学活动建议】

（1）如有条件，利用网络技术查阅有关专题的历史资料。（2）以世界现代著名文学作品的某一片段为题材，改写成历史剧并排练演出。

第四部分　实施建议

一、教材编写建议

应根据教育部"义务教育阶段课程计划表"规定的总课时编写教科书。

应严格按照《标准》的要求，努力实现历史课程在知识与能力、过程与方法，以及情感态度与价值观等方面的总体目标。

要以辩证唯物主义和历史唯物主义理论为指导，正确阐释人类社会发展的历史，并做出客观评价；历史的阐释要真实准确，符合国家的有关规定。

努力为学生的探究性学习创造条件。教科书中的学习内容要有利于培养学生的能力，呈现方式要尽量多样化。要引导学生从不同角度观察和思考历史问题，以利于学生的探究式学习。要提供多种辅助性教学参考资料，为学生进行探究性学习提供良好的条件。

要正确处理教科书与《标准》的关系。《标准》是教科书编写的唯一依据。教科书编写者要认真研究《标准》，领会《标准》的基本精神。教科书必须完整准确地体现《标准》在知识与能力、过程与方法，以及情感态度与价值观等方面的基本要求。在此基础上，教科书可以适当增加一些"内容标准"之外的知识，并使之与"内容标准"所要求的部分在呈现方式上有所区别，但这些知识要有助于学生更好地达成课程目标，有利于学生的个性发展。

要区别各年级之间的能力层次。注意各个学段能力要求的层次性和相互衔接，循序渐进地培养学生能力。

克服专业化和成人化倾向。为激发学生学习历史的兴趣，教科书从内容到形式都应适合学生的心理特征和认知水平，避免晦涩艰深的叙述和过于抽象复杂的概念；提倡使用平等对话式和启发式的语言表述方式，避免说教式和灌输式的语言表述方式，贯彻"随风潜入夜，润物细无声"的教学原则；语言文字要简洁、浅显、生动；应图文并茂，精心配置能够有效 地辅助文字叙述的历史图片、图表、地图等。

教科书的内容应体现时代性和适应性，有利于学生素质的全面发展，满足学生未来发展和终身学习的需要；有利于学生学习方式由被动接受型向主动参与型的转化；有利于学生历史思维能力的培养；有利于对学生进行社会发展规律教育、爱国主义教育、社会主义教育、国情教育、革命传统教育和民族团结教育；有利于学生初步形成正确的国际意识；有利于学生继承人类的传统美德，树立正确的世界观、人生观和价值观。

在实现课程目标的前提下，教科书编写者不必囿于《标准》所建构的内容体系，可以对内容标准中的知识内容进行重新建构，编写不同体例的教科书，如编年史、专题史、中外合编史等，以利于历史教科书建设朝着丰富性和可选性的方向发展。

二、教学建议

1. 以辩证唯物主义和历史唯物主义理论为指导，客观地分析历史人物、历史事件和历史现象，正确阐释人类社会发展的历史；坚持史论结合的原则，力求科学性、思想性和生动性的统一。

2. 以转变学生的学习方式为核心，注重学生学习历史知识的过程和方法，使学生学会学习。鼓励学生通过独立思考和交流合作学习历史，培养发现历史问题和解决历史问题的能力，养成探究式学习的习惯。

3. 根据"内容标准"对知识与能力的不同层次要求组织教学。"内容标准"对历史知识与能力的学习分为三个层次要求：（1）凡在内容标准的陈述中使用"列举"、"知道"、"了解"、"说出"、"讲述"、"简述"、"复述"等行为动词的，为识记层次要求；（2）凡在内容标准的陈述中使用"概述"、"理解"、"说明"、"阐明"、"归纳"等行为动词的，为理解层次要求；（3）凡在内容标准的陈述中使用"分析"、"评价"、"比较"、"探讨"、"讨论"等行为动词的，为运用层次要求。

4. 要注意历史知识多层次、多方位的联系。特别要注意历史发展的纵向联系；同一历史时期的横向联系；历史发展的因果联系；历史现象与现实生活之间的联系；历史知识与其他相关学科知识的联系和渗透等。

5. 提倡教学形式的多样化，积极探索多种教学途径，组织丰富多彩的教学活动，充分开发和利用课程教育资源，例如：开展课堂讨论，组织辩论会，举行历史故事会，举办历史讲座，进行历史方面的社会调查，参观历史博物馆、纪念馆及爱国主义教育基地，考察历史遗址和遗迹，采访历史见证人，编演历史剧，观看并讨论历史题材的影视作品，仿制历史文物，撰写历史小论文，写家庭简史、社区简史和历史人物小传，编辑历史题材的板报、通讯、刊物，举办小型历史专题展览等。

6. 注意教学方法、教学手段的多样化和现代化。应积极运用教学挂图、幻灯、投影、录音、录像、影片、模型等，进行形象直观的教学；要努力创造条件，利用多媒体、网络组织教学，开发和制作历史课件，开展历史学科的计算机辅助教学。

7. 要注重拓宽历史课程的情感教育功能，在进行知识传授和能力培养的同时，充分发掘课程内容的思想情感教育内涵，潜移默化地对学生进行情感态度与价值观方面的熏陶。

三、评价建议

（一）评价的指导思想

1. 评价的性质与功能。

历史教学评价主要是根据《标准》，运用科学的方法，对历史教学过程、教学效果以及影响教学的各种因素进行定性和定量的价值判断。教学评价是历史教学环节的重要组成部分，对改进历史教学、提高教学质量具有重要的意义。在教学过程中要充分发挥教学评价的导向功能、诊断功能、激励功能和促进功能，促进学生学习能力和创新意识的提高。

2. 评价的主要对象、内容和依据。

历史教学评价应以学生为中心，要注意学生的个性差异，让学生了解《标准》的要求以及评价方法与过程，并引导学生参与评价过程，以便发挥学生的主体作用。评价不仅要考查学生在历史知识、历史技能的掌握和情感态度与价值观的变化等方面是否达到《标准》的要求，还要注意考查学生历史学习的过程与方法，避免将历史知识的掌握程度作为唯一的评价内容。评价应以《标准》为主要依据。

3. 评价方法。

评价方法应具有科学性、灵活性和实践性。要综合采用观察、记录、调查、访问、讨论、作业、测验、考试、评议、档案、自我评价、家长评价等多种方法进行评价。评价结果应及时反馈给学生，以便及时改进学生的学习。

（二）评价方法建议

根据教学阶段性的特点，可以把历史教学评价分为以下几种：课堂教学评价、单元教学评价、学期教学评价、学年教学评价等。不同教学阶段的评价，应有相应的评价目的、评价范围和评价方法，如：课堂教学评价主要针对一节课的学习目标，而学期教学评价则是系统考查学生一学期教学目标的达成情况。对学生历史学习业绩的评判应该灵活采用各种评价方法，避免以笔试作为主要的甚至是唯一的评价方法。以下介绍几种值得借鉴的评价方法：

1. 个人代表作品档案法。收集学生个人的历史学习作品，建立档案，对学生的历史学习进行评价。个人作品档案通常收集经过学生选择的历史作品，也可以收集和历史学习有关并能反映学生成就的材料。每件作品最好有教师、家长、同学和自我的评语，评语应该突出学生历史学习的特长和优点。师生在建立此类档案时应确定起止时间，一般按一个单元或一个学习主题为单位收集历史作品。档案可以保留在相应的文件夹或档案袋内，也可以保留在学生作业本里。学生本人是建立档案的主要参与者，教师应提出要求并给予适当指导，师生通过协商来确定档案内容，并让学生自己管理档案。学生以评价对象和评价者的双重身份参与评价过程，充分发挥了学生的主体作用；同时，让家长参与评价过程，调动了家长的积极性，是一种可以广泛推行的评价方法。

2. 观察法。通过有目的、有计划地观察学生在日常学习中的表现并加以记录，对学生历史学习的成效做出较为全面的评价。观察法有自然观察、选择观察和实验观察等几种。观察记录也有各种方法，如设计观察表格来记录整个学习过程中学生在知识、技能、行为和情感等方面的变化，观察的项目可以预先设计在表格里，也可以随时择取。表格可以与学生档案放在一起，也可以挂在教室的墙上，让学生了解自己的进步。例如：对学生在抗美援朝专题讨论会上的各种表现，如探究问题、语言表达、人际交流、参与活动的积极性和方式方法、对抗美援朝的态度等，进行观察，及时提取有价值的信息记入表格，作为整体评价学生历史学习成绩的依据。

3. 活动法。通过活动评价学生学习效果的方法。在教学过程中，可根据学习内容、学生特点和教学条件等，以学生自主活动、直接体验为基本形式进行活动，如历史知识竞赛、制作历史图表、参观考察、社会调查等。通过活动，可以了解学生对历史的直观认识，考查学生综合运用历史知识分析和解决实际问题的能力，从而提高学生历史学习的兴趣，加强学生的综合能力以及发展学生的良好个性。

4. 学生自我评价法。学生在教师指导下，对自己的历史学习成绩进行评价。学生在历史学习过程中，对自己的进步、成果以及不足等加以记录，通过自我评价，对自己历史学习的特长及不足等状况有较为清楚的了解，可以加深学生对自己作为学习者的理解，有助于学生认识学习目标以及控制学习进程，增强历史学习的责任感。

5. 测验法。对学生历史学习成果进行数量测定，并对测定结果进行解释、分析和评论，是历史教学中最常使用的一种评价形式。测验法可以评价一个教学单元、一个学期或一个学年历史教学目标的达成情况。要把历史知识和历史能力有机地结合起来加以考查，不但要考查学生再认再现历史知识的能力，更要考查学生综合运用所学知识分析解决问题的能力。同时，测验要充分体现历史课程的综合性特点和独特的情感教育功能。测验的形式应多样化，如在教学过程中进行的形成性测验，就可采取自主测验的形式，让学生分组命题、编制试卷、组织测验、评价总结，使历史测验和学生的学习、活动融为一体，真正成为学习过程的有机组成部分。

总之，要采用多种评价方法对历史教学效果做出科学的解释，使评价不仅能了解学生历史学习各方面的发展水平以及发展中存在的问题，而且能激发学生学习历史的主动性和创造性。所有的评价方法可以根据不同的教学目标灵活采用，不能把这些方法割裂开来，实际操作中应将几种评价方法结合起来加以使用。

四、课程资源的开发与利用

历史学科所具有的独特性质，使其拥有丰富的课程资源。这些资源包括文字资料、影视资料、历史文物、历史遗址遗迹等，可通过文化机构、传播媒体、学校、社区、参观访问和网络等多种渠道获得。

1. 历史教科书是开展历史教学活动的主要依据，是历史教育资源的核心部分。学校应在教育行政部门指导下，由学校领导、教师代表和家长代表共同选择经教育部审定的、适应本地特点和需要的教科书。

2. 学校图书馆是课程资源的重要组成部分。历史学科是一门综合性很强的人文学科，涉及的知识广泛。学校应有意识地调整自己图书馆或资料室的藏书结构，根据自己的实际财力，合理配置人文方面的书籍，如通俗历史读物、中学生历史刊物、历史文物图册、历史地图、历史图表、历史小说、科学技术史、文学艺术史、考古和旅游等方面的读物，以丰富学生的社会人文知识，加深他们对课程内容的理解。

3. 充分开发利用乡土教材和社区课程资源。乡土教材和社区课程资源对学生的历史学习和历史感悟大有裨益。还应随时随地发现和利用社区中丰富的人力资源，如历史见证人、历史专家学者、历史教育专家、阅历丰富的长者等，他们能够在不同层面，从多种角度为学生提供历史素材和历史见解。家庭也是历史学习的一种资源，家谱、不同时代的照片、图片、实物，以及长辈对往事的回忆和记录，都会在不同程度上有助于学生的历史学习。

4．随着广播电影电视事业的飞速发展，近年来历史题材的影视作品和录音大量增加，成为一种非常重要而且容易获取的历史课程资源。文献纪录片一般能够真实生动地再现某段历史，刻画某些历史人物，叙述某些重大历史事件，对学生理解和体会历史有不可替代的作用，是应重点利用的音视频资源。其次，比较接近历史实际的影视作品和娱乐性的历史题材影视作品，除严重违背史实的以外，也是可以有选择地加以利用的资源，因为它们或多或少能够提供某一特定历史时期的社会生活风貌，有益于学生从不同角度观察和感受历史，增强他们的历史感和历史理解能力。

5．我国是历史悠久的文明古国，全国各地都有数量可观的历史遗迹、遗址、博物馆、纪念馆，档案馆、爱国主义教育基地，以及蕴涵丰富历史内容的人文景观和自然景观，这些资源也应当因地制宜地加以利用。

6．信息技术和网络技术的发展，为历史学习提供了更加方便、快捷和丰富的信息来源。有条件的地方和学校，应充分利用各种与历史学习有关的计算机教学辅助软件、多媒体历史课件、远程教育中的历史课程，互联网提供的历史教育网站、历史资料数据库和图书馆、档案馆网站等，以获取丰富的历史学习资源。

后　记

　　本书的写作过程是一个理论与实践对话的过程。一线教师丰富的教学实践和教学智慧，成为本书宝贵的精神财富。书中汇集了大量来自中学一线教师的生动而鲜活的教育和教学案例，这些案例反映了在新课程标准下教学工作面对的新问题，以及解决这些问题的新途径和新方法。

　　书的作者都是来自中学一线的教师。虽然他们自己在实际的工作中积累了丰富的教学经验，但是，口头上说说容易，真的要把它们变成文字——不仅要写出自己是如何理解新课程标准的，还要讲出道理来，即为什么这么做，也就是我们通常所说的反思，并不是一件易事。更何况，作为一线教师，他们平时都承担着繁重的教学任务，只能抽时间进行写作，所以能够完成本书完全是出于对这份事业的热爱，目的也只有一个——希望通过自己对新课程标准的理解和实践，分享自己的教学经验和体会，给更多的教师一点有益的启发。

　　参与本书编写的老师主要有：北京市大成学校的张棋，南开大学历史学院的马晓铜，天津市新华中学的田绍磊，北京市大成学校的童璐。